FERDINAND RAIMUND

DER VERSCHWENDER

ORIGINAL-ZAUBERMÄRCHEN
IN DREI AUFZÜGEN

MIT EINEM NACHWORT VON
WILHELM ZENTNER

PHILIPP RECLAM JUN. STUTTGART

Der Text folgt der historisch-kritischen Säkularausgabe: Ferdinand Raimund, Sämtliche Werke, herausgegeben von Fritz Brukner und Eduard Castle, Zweiter Band, Wien: Anton Schroll & Co. o. J. [1934]. Die Zusammen- und Getrenntschreibung der Wörter wurde modernisiert, die Interpunktion in einigen Fällen dem heute üblichen Gebrauch angepaßt, die Worterklärungen wurden beigefügt.

Universal-Bibliothek Nr. 49
Schrift: Petit Garamond-Antiqua. Printed in Germany 1977
Herstellung: Reclam Stuttgart
ISBN 3-15-000049-1

PERSONEN

ERSTER AUFZUG

Fee Cheristane
Azur, *ihr dienstbarer Geist*
Julius von Flottwell, *ein reicher Edelmann*
Wolf, *sein Kammerdiener*
Valentin, *sein Bedienter*
Rosa, *Kammermädchen, dessen Geliebte*
Chevalier Dumont
Herr von Pralling
Herr von Helm } *Flottwells Freunde*
Herr von Walter
Gründling } *Baumeister*
Sockel
Fritz } *Bediente*
Johann

Dienerschaft. Jäger. Gäste in Flottwells Schloß.
Genien

ZWEITER AUFZUG

spielt um drei Jahre später

Ein Bettler
Julius von Flottwell
Wolf, *Kammerdiener*
Valentin, *Bedienter*
Rosa, *Kammermädchen*
Präsident von Klugheim
Amalie, *seine Tochter*
Baron Flitterstein
Chevalier Dumont
Herr von Walter
Ein Juwelier
Ein Arzt
Ein altes Weib
Ein Haushofmeister
Ein Kellermeister
Ein Diener
Betti, *Kammermädchen*
Max
Thomas } *Schiffer*

Gäste. Bediente. Tänzer. Tänzerinnen

DRITTER AUFZUG

spielt um zwanzig Jahre später

Fee Cheristane
Azur, *ihr dienstbarer Geist*
Julius von Flottwell
Herr von Wolf
Valentin Holzwurm,
    ein Tischlermeister
Rosa, *sein Weib*
Liese
Michael
Hansel   } *seine Kinder*
Hiesel
Pepi, *vier Jahre alt*
Ein Gärtner
Ein Bedienter

*Bediente. Nachbarsleute. Bauern. Senner und
Sennerinnen. Genien*

ERSTER AUFZUG

ERSTER AUFTRITT

Vorsaal in Flottwells Schloß. Mit Mittel- und vier Seiten-
türen, vorne ein Fenster. Dienerschaft in reichen Livreen ist
im Saale beschäftigt. Einige tragen auf silbernen Tassen
Kaffee, Tee, Champagner, ausgebürstete Kleider nach den
Gemächern der Gäste. Fritz und Johann ordnen an. Ein
paar Jäger putzen Gewehre.

C h o r.   Hurtig! Hurtig! Macht doch weiter!
              Holt Champagner! Kaffee! Rum!
              Bringt den Gästen ihre Kleider,
              Tummelt euch ein wenig um.
              Alles sei hier vornehm, groß
              In des reichen Flottwells Schloß.

(Im Hofe ertönen Jagdhörner. Alle ab bis auf Fritz und
Johann, welche ans Fenster treten.)

F r i t z. Ja blast nur zu! Da könnt ihr noch lange blasen.
Die Herrschaften sind erst aufgestanden. Heute wird es
eine späte Jagd geben.

J o h a n n. Das Spiel hat ja bis zwei Uhr gedauert.

F r i t z. Ja wenn sie nach dem Souper zu spielen anfangen!
Da ist kein Ende.

J o h a n n *(lachend)*. Aber heute Nacht haben sie den Herrn
schön gerupft.

F r i t z. Ich kann mich ärgern, daß er so viel verspielt.

J o h a n n. Warum denn? Er wills ja nicht anders. Die
reichen Leute sollen die Langeweile bezahlen, die sie andern verursachen.

F r i t z. Ah, über den gnädgen Herrn ist nichts zu sagen.
Das ist ein wahrhaft nobler Mann. Er bewirtet nicht nur
seine Freunde, er unterstützt die ganze Welt. Die Bauern,
hör ich, zahlen ja fast niemals eine Abgabe.

J o h a n n. Er hat mir nur zu heftige Leidenschaften. Wart,
bis du ihn einmal in Wut erblickst. Da schont er weder sein
noch eines andern Glück. Da kann alles zugrunde gehen.

1. Aufzug, 2. Auftritt

F r i t z. Aber wenn er sich besinnt, ersetzt ers sicher dreifach
wieder.

J o h a n n *(achselzuckend)*. Ja! Wenns nur immer so fort-
geht.

F r i t z. Wer ist denn der junge Mann, der gestern angekommen ist? Ein scharmanter Mensch.

J o h a n n. Das weiß ich nicht. Das wird sich schon noch
zeigen. Für mich gibt es nur zweierlei Menschen. Menschen, die Trinkgeld geben, und Menschen, die keines
geben. Das bestimmt meine Dienstfertigkeit.

F r i t z. Ich finde, daß er sehr höflich ist.

J o h a n n. Da wird er vermutlich sehr wenig geben. Wer
mich mit Höflichkeit beschenkt, macht mich melancholisch.
Aber wenn mir einer so einen Dukaten hinwirft und zu-
ruft: Schlingel, heb ihn auf! da denk ich mir: Ha! welch
eine Lust ist es, ein Schlingel zu sein!

ZWEITER AUFTRITT

Vorige. Pralling.

P r a l l i n g *(tritt einen Schritt aus seinem Kabinett und
ruft)*. He! Bediente!

B e i d e *(sehen sich um)*. Ja! Befehlen?

P r a l l i n g. Ich habe schon zweimal geklingelt. Wollen Sie
so gefällig sein, mir Rum zu bringen?

J o h a n n *(vornehm nickend)*. Sogleich, mein Herr! *(Zu
Fritz.)* Hast du den gehört? Der hat mir in sechs Wochen
noch keinen Pfennig Trinkgeld gegeben, und ein *solcher*
Mann hat bei mir *keinen* Anspruch auf Ruhm zu machen.
Den laß ich warten.

F r i t z. Oh, auf den acht ich auch nicht. Der Herr hält ja
nicht viel auf ihn.

J o h a n n. *Das* ists, auf was man sehen muß. Auch der
Kammerdiener mag ihn nicht.

F r i t z. Nun, wenn ihn der nicht mag, da kann er sich bald
aus dem Schlosse trollen. Der wird ihn schon gehörig zu
verleumden suchen.

J o h a n n. Ja, der reitet auf der Gunst des gnädgen Herrn,
und niemand kann ihn aus dem Sattel werfen.

F r i t z. Du kennst ja seinen Wahlspruch: Alles für den

1. Aufzug, 3. Auftritt

Nutzen meines gnädgen Herrn, und dabei stopft er sich
die Taschen voll.

J o h a n n. Das wird aber auch eine schöne Wäsche geben,
wenn dem seine Betrügereien einmal ans Tagslicht kommen. Ich kenne keinen raffinierteren Schurken. Da ist
unsereiner gerade nichts dagegen.

DRITTER AUFTRITT

*Vorige. Wolf aus dem Kabinette rechts. Sein Betragen ist
gegen Diener sehr nobel stolz, gegen Höhere sehr demütig.*

W o l f *(hört die letzten Worte)*. Schon wieder Konferenz?
Von wem war hier die Rede?

J o h a n n. Von einem guten Freund.

W o l f. Nu *ihr* seid solcher Freundschaft wert! Ist alles besorgt? Die Gäste bedient?

J o h a n n. Auf das pünktlichste!

W o l f. Der gnädge Herr läßt euch verbieten, von den
Gästen Geschenke anzunehmen. Ihr habt sie von seiner
Freigebigkeit zu fordern.

B e i d e. Dann haben wir dadurch gewonnen.

W o l f. Seid uneigennützig. Das ist eine große Tugend.

J o h a n n. Aber eine sehr schwere – nicht wahr, Herr Kammerdiener?

W o l f. Wo ist der Valentin? Hat er die Quittung von der
Sängerin gebracht?

F r i t z. Er ist noch nicht zurück, obwohl der gnädige Herr
befohlen hat, er müßte bei der Jagd erscheinen, damit die
Herren auf der Jagd etwas zu lachen hätten.

W o l f *(lächelnd)*. Ein wahrhaft unschädlicher Bursche.

J o h a n n. Da sollten doch der Herr Kammerdiener ein
Werk der Barmherzigkeit ausüben und den gemeinen
Kerl aus dem Hause bringen.

W o l f. Gott bewahre mich vor solcher Ungerechtigkeit. Das
wäre gegen die Gesinnung meiner gnädgen Herrschaft.
Der Bursche ist zwar plump und roh, doch gutmütig und
treu. Dann steht er in der Gunst des Herrn, der seine
Diener alle liebt wie eigne Kinder. Ja das ist wohl ein
seltner Mann, der in der Welt nicht seinesgleichen findet.
Und wollte man sein Lob in Büchern schreiben, man würde

nie damit zu Ende kommen. Drum dankt dem Himmel, der euch in dies Haus geführt, denn wer ihm treu dient, der hat sich wahrlich selbst gedient. Das Frühstück für den gnädgen Herrn!

F r i t z. Sogleich! *(Geht ab.)*

J o h a n n *(im Abgehen)*. Die Moralität dieses Menschen wird mich noch unter die Erde bringen. *(Ab.)*

W o l f. Das sind ein paar feine durchgetriebne Schufte. Die muß ich mir vom Halse schaffen.

VIERTER AUFTRITT

Voriger. Baumeister Gründling.

G r ü n d l i n g. Guten Morgen, Herr Kammerdiener, kann ich die Ehre haben, Herrn von Flottwell meine Aufwartung zu machen?

W o l f. Herr Baumeister, ich muß um Verzeihung bitten, aber Seiner Gnaden haben mir soeben befohlen, Sie bei jedermann zu entschuldigen, denn Sie machen heute eine Jagdpartie.

G r ü n d l i n g. Wissen Sie nicht, Herr Kammerdiener, ob Herr von Flottwell meinen Plan zu dem Bau des neuen Schlosses für gut befunden hat?

W o l f. Er hat ihm sehr gefallen. Nur hat sich der Umstand ereignet, daß ihm auch ein anderer Baumeister einen ähnlichen Plan vorgelegt hat und sich erbietet, das Schloß in derselben Größe um zehntausend Gulden wohlfeiler zu bauen.

G r ü n d l i n g. Das tut mir leid, aber als ehrlicher Mann kann ich es nach seinen Anforderungen nicht wohlfeiler bauen. Ich übernehme diesen Bau überhaupt mehr aus Ehrgeiz als aus Gewinnsucht, hat aber Herr von Flottwell einen Künstler gefunden, von dem er sich Schöneres oder Besseres verspricht, so werde ich mich zu bescheiden wissen.

W o l f. Das heißt, es ist Ihnen nichts daran gelegen.

G r ü n d l i n g. Im Gegenteil, es ist meiner Ehre sehr viel daran gelegen.

W o l f. Ja dann müssen Sie Ihrer Ehre auch ein kleines Opfer bringen.

G r ü n d l i n g. Es wäre sehr traurig für die Kunst, wenn es

1. Aufzug, 5. Auftritt

mit ihr so weit gekommen wäre, daß die Künstler Opfer bringen müßten, um Gelegenheit zu finden, ein Kunstwerk hervorzubringen. Die Kunst zu unterstützen, ist ja der Stolz der Großen, und eine ökonomische Äußerung wäre an dem geldberühmten Herrn von Flottwell etwas Unerhörtes.

W o l f. Sie verstehen mich nicht, Herr Baumeister.

G r ü n d l i n g. Genug! Morgen will ich mit Herrn von Flottwell selbst darüber sprechen. Glauben Sie aber nicht, Herr Kammerdiener, daß ich ein Mann bin, der nicht zu leben versteht. Sollten Sie sich für die Sache bei dem gnädgen Herrn glücklich verwenden, so werde ich mich sehr geehrt fühlen, wenn Sie ein Geschenk von hundert Dukaten nicht verschmähen wollen.

W o l f. Sie verkennen mich. Eigennutz ist nicht meine Sache, ich spreche nur zum Vorteil meines gnädgen Herrn!

G r ü n d l i n g. Den werden Sie durch mich besser bezwekken, als wenn das Schloß von einem andern wohlfeiler und schlechter gebaut wird.

W o l f. Nun gut. Ich will versuchen, was mein geringer Einfluß zugunsten eines so großen Künstlers vermag, und gelingt es mir, so werde ich Ihr Geschenk nur unter der Bedingung annehmen, daß Sie mir erlauben, es auf eine wohltätige Weise für andere zu verwenden.

G r ü n d l i n g. Ganz nach Ihrem Belieben. *(Beiseite.)* Die Kunst mag mir diese Herabwürdigung verzeihen. *(Laut.)* Morgen erwarte ich einen günstigen Bescheid. *(Will ab.)*

W o l f *(blickt zum Fenster hinaus)*. Teufel! der andere. *(Schnell.)* Wollen Sie nicht so gefällig sein, sich über die Nebentreppe zu bemühen, weil die Bedienten auf der großen Möbel transportieren. Ich empfehle mich ergebenst. *(Läßt ihn durch eine Seitentür hinausgehen. Wolf allein.)* Diese Zitrone gibt wenig Saft, jetzt wollen wir die andere pressen.

FÜNFTER AUFTRITT

Voriger. Baumeister Sockel.

S o c k e l. Guten Morgen, Herr von Wolf! Sie haben mich rufen lassen, ich wäre schon gestern gekommen, aber ich hab ein Haus stützen müssen, was ich vor zwei Jahren erst gebaut hab. Verstanden? Ich sag Ihnens, man möcht jetzt lieber Holz hacken als Häuser bauen. Erstens brennen s' Ziegel, wenn man einen nur ein unbeschaffenes[1] Wort gibt, so fallt er schon voneinander. Nachher wollen s' immer ein Million Zins einnehmen, lauter Zimmer, keine Mauern. Verstanden? Drum sind manche moderne Häuser auch so dünn, als wenn s' bloße Futteral über die alten wären. Hernach hat halt ein Baumeister vor Zeiten auf solide Einwohner rechnen können, aber jetzt zieht sich ja manchmal ein Volk hinein, das nichts als rauft und schlagt, Tisch und Stühl umwirft und das Unterste zu oberst kehrt. Ja wo soll denn da ein Haus die Geduld hernehmen, da wirds halt springgiftig[2], und endlich fallts vor Zorn zusamm. Verstanden?

W o l f. Das ist alles ganz recht, aber jetzt lassen Sie uns vernünftig reden.

S o c k e l. Erlauben Sie, aber meine Reden sind ein wahrer Triumph der Vernunft. Verstanden?

W o l f. Ich habe Ihnen die unangenehme Nachricht zu sagen, daß Sie den Bau des Schlosses nicht bekommen werden.

S o c k e l. Hören Sie auf, oder ich stürz zusamm wie eine alte Gartenmauer. Das ist ja nach unserer Verabredung nicht möglich! Verstanden?

W o l f. Der gnädge Herr will den Baumeister Gründling nehmen.

(Ein Bedienter, der Flottwell das Frühstück gebracht hat, kommt zurück.)

S o c k e l. Aber es war ja schon alles richtig. Ich hab Ihnen ja tausend G –

W o l f *(rasch auf den Bedienten blickend)*. Nun ja, Sie haben mir da tausend Gründe gesagt, die –

S o c k e l. Nein, ich habe Ihnen versprochen –

W o l f. Ja *(stampft unwillig mit dem Fuß)*, Sie haben versprochen, gute Materialien zu nehmen. Fritz, dort hat jemand geläutet. *(Der Bediente geht in ein Kabinett ab.)* Aber ich kann nicht dafür, daß ein anderer gekommen ist, der noch größere Versprechungen gemacht hat und das Schloß um zehntausend Gulden wohlfeiler baut.

S o c k e l. Aber das ist ja ein elender Mensch, der gar nicht

---

1. Unfreundlich.   2. Ärgerlich, daß man springen möchte.

1. Aufzug, 5. Auftritt 13

zu bauen versteht. Ein hergelaufener Maurerpolier, ein
Pfuscher, und ich bin ein Mann auf dem Platz. Verstanden?

W o l f. Es macht Ihnen sehr viel Ehre, daß Sie so über Ihren
Kollegen schimpfen, aber das kann die Sache nur ver-
schlimmern!

S o c k e l. Aber Sie bringen einem ja zur Verzweiflung.
(Beiseite.) Ich kann den Bau nicht auslassen, er trägt mir
zu viel ein. *(Macht gegen das Publikum die Pantomime
des Geldzählens.)* Verstanden? *(Laut.)* Liebster Herr
Kammerdiener, ich weiß, es hängt nur von Ihnen ab. Der
gnädige Herr bekümmert sich nicht darum, er ist zu leicht-
sinnig. Ich geb Ihnen tausend Gulden Konventionsmünze.

W o l f. Herr! – Was unterfangen Sie sich –

S o c k e l. Ich unterfange mich, Ihnen noch fünfhundert
Gulden zu bieten.

W o l f. Sie häufen ja Beleidigung auf Beleidigung –

S o c k e l. Freilich, ich bin der brutalste Kerl auf der Welt.
Aber jetzt bin ich schon in meiner Grobheit drin, ich muß
Ihnen noch fünfhundert Gulden antragen.

W o l f. Halten Sie ein! Sie empören mich mit solchen un-
moralischen Zumutungen!

S o c k e l *(beiseite).* Ah, da möcht man sich selber köpfen.

W o l f. Ich sehe ein, daß Ihre Ehre –

S o c k e l. Ah was Ehre! Es ist einem gerade keine Schande,
wenn man ein Schloß baut, aber in Feuer lassen s' einem
auch nicht vergolden deswegen. *(Beiseite.)* Nur das Geld
ist verloren.

W o l f. Man wird Sie auslachen!

S o c k e l. Freilich, es hats die ganze Stadt erfahren.

W o l f. Wie war das möglich?

S o c k e l. Weil ichs meiner Frau gesagt hab.

W o l f. Ja sind Sie denn verheiratet?

S o c k e l. Leider! Verstanden?

W o l f *(ängstlich).* Haben vielleicht Kinder!

S o c k e l. Jawohl.

W o l f. Ach, das ist ja sehr traurig. Wie viele?

S o c k e l. Mein Gott, soviel Sie wollen, verschaffen Sie mir
nur den Bau.

W o l f. Ja das muß ich wissen.

S o c k e l. Fünf, und zwei noch zu erwarten! Verstanden?

W o l f. Entsetzlich! Das rührt mich!

S o c k e l. Lassen Sie sich erweichen. Nehmen Sie die zweitausend Gulden.

W o l f *(mit Bedauern).* Sie sind Familienvater! Sie haben
fünf Kinder! Warum haben Sie das nicht gleich gesagt?
Und der andere Baumeister hat vielleicht keine Kinder.

S o c k e l. Kein einziges.

W o l f. Ah, da müssen Sie ja den Bau erhalten. Das wäre ja
die höchste Ungerechtigkeit.

S o c k e l. O Sie edelmütger Mann!

W o l f. *Jetzt* kann ich Ihr Geschenk annehmen. Aber Sie
müssen mir versprechen, ein Meisterstück für die Ewigkeit hinzustellen –

S o c k e l. Zehn Jahre keine Reparatur –

W o l f. Denn der Vorteil meiner gnädgen Herrschaft geht
mir über alles.

S o c k e l *(weinend).* Große Seele!
(Beide in Flottwells Kabinett ab.)

SECHSTER AUFTRITT

Valentin.

V a l e n t i n.

Lied

Heissa lustig ohne Sorgen
Leb ich in den Tag hinein,
Niemand braucht mir was zu borgen,
Schön ists, ein Bedienter z' sein.
Erstens bin ich zart gewachsen
Wie der schönste Mann der Welt,
Alle Säck hab ich voll Maxen[3],
Was den Mädchen so gefällt.

Zweitens kann ich viel ertragen,
Hab ein lampelfrommen[4] Sinn,
Vom Verstand will ich nichts sagen,
Weil ich zu bescheiden bin.
Drittens kann ich prächtig singen,
Meine Stimme gibt so aus,

3. Geldstücke.   4. Lammfromm.

1. Aufzug, 6. Auftritt

Denn kaum laß ich sie erklingen,
Laufen s' alle gleich hinaus.

Viertens kann ich schreiben, lesen,
Hab vom Rechnen eine Spur,
Bin ein Tischlergsell gewesen –
Und ein Mann von Politur.
Fünftens, sechstens, siebntens, achtens
Fallt mir wirklich nichts mehr ein,
Darum muß meines Erachtens
Auch das Lied zu Ende sein.

Ah! heut kann ich einmal mit Recht sagen: Morgenstund
tragt Gold im Mund. Hat mir die Sängerin, die neulich
bei unserm Konzert eine chinesische Arie gesungen hat,
für das Honorar, was ich ihr von dem gnädigen Herrn
überbracht hab, zwei blanke Dukaten geschenkt. Der
gnädige Herr hat ihr aber auch für eine einzige Arie fünfzig Dukaten bezahlen müssen. Das ist ein schönes Geld.
Aber das ist doch nichts gegen Engeland. In London, hör
ich, da singen s' gar nach dem Gewicht. Da kommt eine
von den großen Noten auf ein ganzes Pfund, drum heißt
man s' auch die Pfundnoten. Da verdient sich eine an
einen einzigen Abend einige Zenten. Die müssen immer
ein Paar Pferd halten, daß sie ihnen das Honorar nach-
führen. Aber es war auch etwas Göttliches um diese Sängerin. Ich versteh doch auch etwas von der Musik, weil ich
in meiner Jugend öfter nach den Noten geprügelt worden
bin, aber im Distonieren kommt ihr keine gleich. Ich hab
die ganze Arie nicht hören können, weil ich im Hof unten
war und die Jagdhund besänftigt hab, damit s' nicht so
stark dreingeheult haben, aber einmal hat sie einen Schrei
herausgelassen – Nein, ich hab schon verschiedene Frauenzimmer schreien ghört, doch dieser Ton hat mein Inner-
stes erschüttert. Aber den schönsten Wohlklang hat sie
doch erst gezeigt, wie sie die zwei Dukaten auf den Tisch
geworfen hat, das macht sie unsterblich. Und wenn ich ein
Theaterdirektor wär: die engagieret ich unter den schönsten Bedingungen. (*Rosa schleicht sich herein, tritt langsam vor und steht bei den letzten Worten mit verschlun-
genen Armen neben ihm.*) Und gelächelt hat sie auf mich
– gelächelt hat sie –

1. Aufzug, 6. Auftritt

Rosa. Nun und wie hat sie denn gelächelt? *(Lächelt boshaft.)* Wie denn? Hat sie so gelächelt – so?

Valentin. Ah, hör auf! Das ist ja nur eine Travestie auf ihr Lächeln. Du wirst dir doch nicht einbilden, daß du das auch imstand bist?

Rosa. Warum? Warum soll sie besser lachen können als ich?

Valentin. Nun, eine Person, die für eine Arie fünfzig Dukaten kriegt, die wird doch kurios lachen können?

Rosa. Ja, aber wer zuletzt lacht, lacht am besten, und die werd ich sein. Ich brauch keinen solchen Liebhaber, der in die Stadt hineinlauft und den Theaterprinzessinnen die Cour macht.

Valentin. Ich muß tun, was mir mein Herr befiehlt. Punktum!

Rosa. Du und dein Herr ist einer wie der andere.

Valentin. Nu das wär mir schon recht, da wär ich auch ein Millionär wie er.

Rosa. Du hast deine Amouren in der Stadt, und er hat s' im Wald drauß. Und wie schaust denn wieder aus? Den ganzen Tag hat man zu korrigiern an ihm! Ist denn das ein Halstuch gebunden, du lockerer Mensch? Geh her! *(Bindet es ihm.)*

Valentin. So hör auf, du erwürgst mich ja, schnür mich nicht so zusamm!

Rosa. Das muß sein.

Valentin. Nein, das Schnüren ist sehr ungesund. Es wird jetzt ganz aus der Mod kommen. Du sollst dich auch nicht so zusammradeln[5].

Rosa. Das geht keinen Menschen was an!

Valentin. Aber wohl! Das Schnüren[6] hätt sollen gerichtlich verboten werden, aber die Wirt sind dagegen eingekommen.

Rosa. Wegen meiner! Ja apropos, du stehst ja da, als wann ein Feiertag heut wär? Wirst gleich gehn und dich anziehn auf die Jagd.

Valentin. Jetzt muß ich wieder auf die verdammte Jagd.

Rosa. Ja wer kann dafür, daß du so ein guter Jäger bist?

Valentin. Ah, ich jag ja nicht, ich werd ja gejagt. Sie

---

5. Fest schnüren.   6. Hier im Sinne von übervorteilen.

behandeln mich ja gar nicht wie einen Jäger. Ich ghör ja unters Wildpret. Das letztemal hat der gnädige Herr eine Wildente geschossen, und weil kein Jagdhund bei der Hand war, so hab ich sie müssen aus den Wasser apportieren, und wie ich mitten drin war, haben sie mich nimmer herauslassen.

R o s a. Und das laßt du dir so alles gfallen?

V a l e n t i n. Ja weil ich halt für meinen Herrn ins Feuer geh, so geh ich halt auch für ihn ins Wasser.

R o s a. Nu so tummel dich, es wird gleich losgehen.

V a l e n t i n. Die verflixte Jagd! Wann man nur nicht so hungrig würd, aber ich versichere dich: Ein Jäger und ein Hund frißt alle Viertelstund.

R o s a. Schäm dich doch!

V a l e n t i n. Du glaubst nicht, was man auszustehen hat. Was einem die Gäst alles antun. Meiner Seel, wenn mir nicht wegen dem gnädigen Herrn wär, ich prügelt sie alle zusamm.

R o s a. So red doch nicht immer vom Prügeln in einem vornehmen Haus. Da sieht man gleich, daß du unterm Holz aufgewachsen bist.

V a l e n t i n. Wirf mir nicht immer meinen Tischlerstand vor.

R o s a. Weil du gar so pfostenmäßig bist.

V a l e n t i n. Schimpf nicht über mein Metier.

R o s a. Laß mich gehn. Ich nehm mir einen andern. Ich weiß schon, wem ich heirat.

Duett

R o s a. Ein Schlosser ist mein schwache Seit,
       Das ist der erste Mann,
       Der sorgt für unsre Sicherheit
       Und schlagt die Schlösser an.

V a l e n t i n. Mein Kind, da bist du schlecht bericht,
       Der Tischler kommt zuvor,
       Der Schlosser ist der Erste nicht,
       Der Tischler macht das Tor.

R o s a. Ein Schlosser ist zu schwarz für mich
       Und seine Lieb zu heiß.

V a l e n t i n. Verliebt sich ein Friseur in dich,
       Der macht dir nur was weiß.

Rosa. Nein! nein! ein Drechsler! o wie schön!
Der ist für mich gemacht.
Valentin. Der kann dir eine Nasen drehn,
Da nimm du dich in acht.
Rosa. Ein Bäck, der ist mir zu solid,
Ich fürcht, daß ich mich härm.
Valentin. So nimm dir einen Kupferschmied,
Der schlagt ein rechten Lärm.
Rosa. Mit einem Schneider in der Tat,
Da käm ich prächtig draus.
Valentin. Doch wenn er keine Kunden hat,
So geht der Zwirn ihm aus.
Rosa. Ein Klampfrer ist ein sicher Mann,
Dem fehlt es nie an Blech.
Valentin. Ich ratet dir ein Schuster an –
Es ist halt wegnem Pech.
Rosa. Ein Hutrer wär wohl nicht riskiert,
Der hat ein sichres Gut.
Valentin. Ja wenn die Welt den Kopf verliert,
Da braucht kein Mensch ein Hut.
Rosa. Ein Spekulant, o welche Pracht –
Doch hätt ich kaum den Mut.
Valentin. Ah, wenn er pfiffig Krida[7] macht,
Da gehts ihm erst recht gut.
Rosa. Kurzum, ich wend im Kreis herum
Vergebens meinen Blick.
Drum kehr ich zu dem Tischler um,
Er ist mein einzig Glück.
Valentin. Verlaß dich auf den Tischlerjung,
Der macht dir keinen Gram.
Und kriegt das Glück einmal ein Sprung,
Der Tischler leimts zusamm.
Beide. Ein schöner Stand ist doch auf Ehr
Ein wackrer Handwerksmann.
Seis Schneider, Schuster, seis Friseur,
Ich biet das Glas ihm an.
(Beide ab.)

---

7. Krida = Konkursvergehen.

SIEBENTER AUFTRITT

Helm, im Jagdkleide, tritt aus seinem Kabinett. Wolf aus Flottwells Zimmern.

H e l m. Nun wie stehts, Herr Kammerdiener, gehts bald los?

W o l f *(sehr geschäftig).* Jawohl, der gnädge Herr wird gleich erscheinen. *(Läuft zum Fenster.)* Heda, Jäger, laßt euch hören! Pagen, führt die Pferde vor! Büchsenspanner, schnell herauf!

(Man hört Jagdhörner.)

H e l m. Holla, holla, hurtig, meine Herren! kommt heraus, der Tanz geht an.

(Mehrere Gäste kommen teils zur Mitte, teils aus den Seitentüren, auch Pralling. Valentin. Alle sind jagdmäßig gekleidet.)

P r a l l i n g. Guten Morgen allerseits!

A l l e s *(gegenseitig).* Guten Morgen! Gut geschlafen?

H e l m. Potz Donnerwetter, war das eine schlechte Nacht!

P r a l l i n g. Mein Schlaf ist wie ein liederlicher Diener, wenn ich ihn rufe, kommt er nicht.

H e l m. Er ist ein freier Mann und kommt nur, wenn er will.

W a l t e r. Eine Kokette ist er, die sich ziert, bevor sie uns umarmt.

ACHTER AUFTRITT

Vorige. Chevalier Dumont im eleganten Jagdanzug.

D u m o n t *(blickt durch eine einfache Lorgnette).* Ah bon jour, mes amis! *(Er spricht gebrochen deutsch.)* Wie aben Sie geschlafen?

A l l e. Ah, unser Naturfreund!

D u m o n t. Ja, Messieurs, der Natur sein groß. Ick aben wieder geschwelgt in ihren Reizen. Der ganzen Nacht bin ick am Fenster gelegen, um der Gegend zu betrachten. O charmant!

NEUNTER AUFTRITT

Vorige. Flottwell. Sockel.

Flottwell. Guten Morgen, edle Freunde!

Alle. Guten Morgen!

(Einige schütteln ihm die Hand.)

Flottwell. Wir kommen spät zur Jagd. Ich hoffe, daß die Herren, die heut zum erstenmal in meinem Schloß geruht, mit der Bedienung so zufrieden waren, als ichs nur immer eifrig wünschen kann. Gern hätt ich Ihren Schlaf mit süßen Träumen auch bewirtet, doch leider stehn die nicht in meinem Sold.

Ein Gast. Mir hat von Lilien geträumt.

Helm. Und mir von einer wilden Sau, der ich den Fang gegeben hab.

Walter. Ich hab die Gastfreundschaft an einem goldnen Tisch gesehen, und deutscher Lorbeer hat ihr Haupt geschmückt.

Pralling. Ich habe all mein Glück auf die Coeur-Dame gesetzt, und als ich es verloren hatte, bin ich aufgewacht.

Flottwell. Und was hat dir geträumt, Freund Valentin?

Valentin. Mir hat geträumt, Euer Gnaden hätten mir vier Dukaten geschenkt.

Flottwell *(lachend)*. Das ist ein eigennützger Traum, doch will ich ihn erfüllen.

Valentin. Ich küß die Hand Euer Gnaden.

Flottwell. Was mir geträumt hat, kann ich euch noch nicht entdecken. Es war ein süßer Traum, dienstfertig meinem höchsten Wunsch, er hat mir meines Lebens Zukunft rosig abgespiegelt.

Helm. Dir hat gewiß von einem Rendezvous geträumt. Spitzbub! Was? Von Augen wie Rubin und solchem dummen Zeuch.

Flottwell *(lachend)*. Du kannst etwas erraten haben, Herzensbruder. Es soll ein Rendezvous fürs ganze Leben werden. Doch still davon, mein Herz ist übermütig heut, es könnte sich verraten.

Pralling. Wir kennen Ihre Schliche schon, Sie haben andre Jagd im Sinn als wir.

1. Aufzug, 9. Auftritt

Flottwell. So ist es auch. Jagt euren Freuden nach, um mich braucht ihr euch nicht zu kümmern. Wir haben jeder andre Leidenschaft.

Pralling. Ich leide an der Gicht.

Helm. Ich bin ein passionierter Jäger.

Walter. Ich spreche dem Champagner zu.

Dumont. Und ick bewundre der Natur.

Helm. Das nimmt mich wunder, Chevalier. Sie sind ja kurzsichtig.

Dumont. Das sind der Menschen alle.

Pralling. Und wenn Sie fahren, schlafen Sie im Wagen.

Dumont. O, das macken nichts. Ein wahrer Naturfreund müssen ihrer Schönheit auch im Schlaf bewundern können.

Helm. Das kann ich nicht. Mein Liebling ist die Jagd.

Flottwell. Heda! bringt uns Bordeaux. Die Herren sollen sich begeistern.

Dumont. Mackt mir der Fenster auf, daß ick der Landschaft kann betrachten. *(Sieht durchs Glas.)*

Wolf. Hier ist Bordeaux!

(Er ordnet die Diener, welche schon bereitet standen und ihn in gefüllten Stengelgläsern auf silbernen Tassen präsentieren.)

Walter *(ruft)*. Herrlicher Wein!

Dumont *(am Fenster entzückt rufend)*. Himmlischer Wasserfall!

Flottwell *(schwingt das Glas)*. Auf ewge Freundschaft und auf langes Leben, meine Herren!

Alle. Der reiche Flottwell lebe lang!

Dumont *(wie vorher, ohne ein Glas genommen zu haben)*. Ha! der Kirchhof macken sich dort gut.

Flottwell. Oh, wär ich überreich! Ich wünscht es nur zu sein, um meine Schätze mit der Welt zu teilen. Was ist der Mammon auch! das Geld ist viel zu sehr geachtet. Drum ists so stolz. Es will nie in des armen Mannes Tasche bleiben und strömt nur stets dem Reichen wieder zu.

Helm *(enthusiasmiert)*. Wer ist so gut wie unser edler Flottwell hier?

Walter. Ich kenne kein Gemüt, das seinem gleicht.

Alle. Jawohl!

Dumont. Un enfant gâté de la nature[8].

Flottwell. Oh, lobt mich nicht zu viel. Ich habe kein Verdienst als meines Vaters Gold. Will mirs die Welt verzeihn, ists wohl und gut, und tut sies nicht, mag sie sich selbst mit ihrem Neid abfinden. Ich kämpfe nicht mit ihm. Mein Glück ist kühn, es fordert mich heraus, darum will ich mein Dasein großartig genießen, und wollen Sorgen mich besuchen, laß ich mich verleugnen. Düstern Philosophen glaub ich nicht. Nicht wahr, Freund Helm, man muß das Leben von der schönen Seite fassen? Der Himmel ist sein herrlichstes Symbol. Die glühnde Sonne gleicht dem heißen Brand der Liebe, der mildgesinnte Mond der innigen Freundschaft, die reiche Saat der Sterne ist ein Bild der Millionen Freuden, die im Leben keimen. Die ernsten Wolken sind zwar kummervolle Tage, doch Frohsinn ist ein flüchtger Wind, der sie verjagt.

Sockel. Ein Göttermann! Ein wahrer Göttermann! Verstanden!

Flottwell. Gebt doch ein Glas auch unserm wackern Baumeister. Oh, das ist gar ein wichtiger Mann hier, meine Herren, der wird ein neues Schloß uns bauen, und diese Hallen wollen wir der Zeit nicht länger vorenthalten. Flottwells Haus solls heißen, noch ein Glas auf dieses Ehrenmannes Werk! *(Zu Sockel, barsch.)* Trinken Sie!

Sockel *(erschrickt, daß er das Glas fallen läßt).* Verstanden!

Alle *(schwingen die Gläser).* Flottwells Haus! Lang solls bestehn!

Flottwell *(stürzt ein Glas hinein).* Und nun zur Jagd, Ihr Herren! Werft die Gläser hin und nehmt 's Gewehr zur Hand! Der Wald ist euer Eigentum und all mein Wild. Doch hetzt mirs nicht zu sehr, ich kanns nicht leiden, denn der Hirsch weint wie ein Mensch, wenn er zu Tod gepeinigt wird. Und seit ich dieses Schauspiel sah, hab ich die Jägergrausamkeit verloren. Nun Glück zur Jagd! Der Abend führt uns wieder hier zusammen, dann wollen wir beim vollen Glas besprechen, wer eines edlern Sieges sich zu freuen hat? Ihr! oder ich!

Alle. Holla zur Jagd! *(Alles ab.)*

---

8. Ein Glückskind der Natur.

1. Aufzug, 10. Auftritt   23

(Hörner tönen.)

D u m o n t *(verweilt noch am Fenster, bis die andern alle
zur Tür hinaus sind, dann ruft er)* Himmlische Natur!
(und folgt den andern nach).

ZEHNTER AUFTRITT

*Dann unter rauschender Musik Verwandlung in eine gol-
dene Feenhalle, rückwärts die Aussicht in eine reizende Berg-
gegend. In der Mitte der Halle ein großer runder Zauber-
spiegel, vor ihm ein goldner Altar mit einer Opferschale auf
Stufen.*

*Cheristane, in ein lichtblaues faltiges Gewand gehüllt, wel-
ches mit Zaubercharakteren geziert ist, und das Haupt mit
einer goldnen Krone geschmückt, kommt von der Seite, ein
goldnes Buch und einen Zauberstab tragend.*

C h e r i s t a n e. Der Kampf ist aus, ich habe mich besiegt.
     Beschlossen ists, ich scheide von der Erde.
     Wenn auch mein Herz dem Kummer unterliegt,
     Ich leide nur, daß er gerettet werde.
         *(Sie nimmt von dem mitteren Zacken ihrer Krone
                 eine blaue Perle.)*
     Komm, teure Perle, die den Geist umschließt,
     Den letzten, der sich beugt vor meiner Macht,
     Die bald für ihn in eitles Nichts zerfließt!
     Ich opfre dich in diesem goldnen Schacht.
*(Sie wirft die Perle in die goldne Schale. Eine blaue Flamme
entzündet sich in ihr, der Donner rollt. Kurze passende
         Musik. Der Spiegel überzieht sich mit Rauch.)*
     Nun zeig dein Haupt, umkränzt von Zauberschein,
     Und blick mich an mit holden Demantaugen!
     Erschein! Es soll Azur dein Name sein!
     Laß Hoffnung mich aus deinen Worten saugen!
*(Musik. – Fürchterlicher Donnerschlag. Der Rauch hebt sich
und in dem Spiegel erscheint Azur, in Silberdock ägyptisch
gekleidet, das Haupt umhüllt, die halbentblößten Arme und
das Antlitz ist mit blauer Folie überzogen, statt der Augen
leuchten zwei glänzende Steine. Magische Beleuchtung.)*

A z u r. Du! die du mich durch Zaubermacht geboren,
     Gebietest du mir Segen oder Fluch?

Cheristane.
Zu Flottwells Schutzgeist hab ich dich erkoren.
Azur. Darf ich das sein? Blick in des Schicksals Buch!
(Jetzt folgt eine zitternde Musik darunter.)
„Kein Fatum herrsch auf seinen Lebenswegen,
Er selber bring sich Unheil oder Segen.
Er selbst vermag sich nur allein zu warnen,
Mit Unglück kann er selbst sich nur umgarnen,
Und da er frei von allen Schicksalsketten,
Kann ihn sein Ich auch nur von Schmach erretten."
Cheristane.
Mir ist bekannt des Schicksals strenger Spruch,
Der, mich zu strafen, tief ersonnen ist.
Empfange hier mein goldnes Zauberbuch.
Es wird dich lehren, welche schlaue List
Mein liebgequälter Geist erfunden hat.
Doch ich muß machtberaubt von hinnen fliehn.
Darum vollziehe du statt mir die Tat
Und laß mich trostlos nicht nach meiner Heimat ziehn.
Azur *(nimmt das Buch).*
Zieh ruhig heim, treu will ich für dich handeln,
Als Retter sollst du wieder mich erblicken.
(Die Wolke schließt sich. Musik.)
Cheristane.
Oh, hätt ichs nie gewagt auf Erd zu wandeln,
Zu bitter straft sich dieser Lust Entzücken!
*(Sie sinkt aufs Knie und beugt ihr Haupt kummervoll
vor dem Altar.)*

ELFTER AUFTRITT

Unter klagender Musik Verwandlung in einen kurzen Wald.
An der Seite ein Hügel mit Gesträuche.
Jäger ziehen über die Bühne.

Jagdchor. Gilts, die Wälder zu durchstreifen,
Hebet freier sich die Brust.
Kühn den Eber anzugreifen,
Ist des Jägers höchste Lust.
Holla ho! Holla ho!
Weidgesellen froh!

1. Aufzug, 11. Auftritt

Ist die Fährte aufgefunden,
Wälzt er sich im schwarzen Blut,
Spiegelt sich in seinen Wunden
Noch des Abends letzte Glut.
Holla ho! Holla ho!
Jägerbursch ist froh!

Zieht man heim nach Jägersitte,
Winkt die Nacht uns traut zur Ruh,
Sucht man seines Liebchens Hütte,
Schließt das Pförtlein leise zu.
Holla ho! Holla ho!
Jägersbraut ist froh! *(Alle ab.)*

(Valentin, der im Gesträuch versteckt war, kommt hervor.)
V a l e n t i n. Wegen meiner jagt ihr fort, solang ihr wollt.
Ich werd mich da so wildschweinmäßig behandeln lassen.
Ich schießet alle zusammen, die Sappermenter, wenn ich
nur einen Hahn auf der Flinten hätt. Ich kann gar nicht
begreifen, was denn die vornehmen Leut mit der ver-
dammten Jagd immer haben.

Lied

Wie sich doch die reichen Herrn
Selbst das Leben so erschwern!
Damit s' Vieh und Menschen plagen,
Müssen s' alle Wochen jagen.
Gott verzeih mir meine Sünden,
Ich begreif nicht, was dran finden,
Dieses Kriechen in den Schluchten,
Dieses Riechen von den Juchten.
Kurz, in allem Ernst gesagt:
's gibt nichts Dummers als die Jagd.

Schon um drei Uhr ist die Stund
Für die Leut und für die Hund.
Jeder kommt mit seinem Stutzen,
Und da fangen s' an zum putzen.
Nachher rennen s' wie besessen,
Ohne einen Bissen z' essen,
Ganze Tage durch die Waldung,
Und das ist a Unterhaltung!

Ah, da wird eim Gott bewahrn,
D' Jäger sind ja alle Narrn.

Kurz, das Jagen laß ich bleiben.
Was die Jägerburschen treiben,
Wie s' mich habn herumgestoßen,
Bald hätt ich mich selbst erschossen.
Über hunderttausend Wurzeln
Lassen eim die Kerls purzeln,
Und kaum liegt man auf der Nasen,
Fangen s' alle an zu blasen,
Und das heißen s' eine Jagd!
Ach, dem Himmel seis geklagt.

Müd als wie ein ghetzter Has
Setzt man sich ins kühle Gras,
Glaubt, man ist da ganz allein,
Kommt ein ungeheures Schwein.
Und indem man sich will wehren,
Kommen rückwärts ein paar Bären,
Auf der Seiten ein paar Tiger,
Und weiß Gott noch was für Vieher,
Und da steht man mitten drin!
Dafür hab ich halt kein Sinn. *(Läuft ab.)*

Repetition

Nein, die Sach muß ich bedenken.
D' Jäger kann man nicht so kränken.
Denn, wenn keine Jäger wären,
Fräßen uns am End die Bären.
's Wildpret will man auch genießen,
Folglich muß doch einer schießen.
Bratne Schnepfen, Haselhühner,
Gott, wie schätzen die die Wiener!
Und ich stimm mit ihnen ein:
Jagd und Wildpret müssen sein. *(Ab.)*

ZWÖLFTER AUFTRITT

VERWANDLUNG

Eine reizende Gegend, im Hintergrunde ein klarer See, von lieblichen Gebirgen eingeschlossen. Rechts ein Fels, über ihm der Eingang in Cheristanens Felsenhöhle, vor welcher sie in ihrem früheren Kostüm, doch ohne Krone steht und in die Ferne blickt.

C h e r i s t a n e. Nun hat er bald die steile Höh erklommen
und wird den süßen Blick nach Minnas Hütte senden,
von der er wähnt, daß sie sein Liebstes stets umschirme.
So mag er denn zum letztenmal sich ihres Anblicks freuen.
(Kurze Musik. Sie verwandelt sich in ein liebliches Bauermädchen, im italienischen Geschmacke zart gekleidet, und sinkt rasch in den Fels, welcher zu einer freundlichen Hütte wird, die von Reben und Blumen umrankt ist und aus deren Tür sie schnell überraschend tritt. Zugleich verwandeln sich die Kulissen in orientalische hohe Blumen und goldgesäumte Palmen, die noch praktikabel gegen die Mitte der Bühne reichen. Nachdenkend setzt sie sich im Vordergrunde auf eine mit Blumen behangene Rasenbank.)
Ach! selber darf er sich nur warnen,
Mit Glück und Unglück selbst umgarnen,
Und da er frei von allen Schicksalsketten,
Kann er nur selbst von Schmach sich retten.
O trüber Schicksalsspruch, der einem Kinde Flügel leihet
und sie seinem Engel raubt.

DREIZEHNTER AUFTRITT

Vorige. Flottwell.

F l o t t w e l l *(froh)*. Heitern Tag, mein teures Mädchen, sei
nicht böse, daß ich selbst so spät erscheine, denn meine
Sehnsucht ist schon lang bei dir. Doch – sag! was ist dir?
Du bist traurig! Wer hat dir was zu Leid getan? Quält
dich die Eifersucht? Bist du erkrankt? Betrübt? Sprich!
Oder willst du mich betrüben?
C h e r i s t a n e *(steht bewegt auf)*. Dich? mein Julius, nein,
das will ich nicht! *(Schlingt ihre Arme um seinen Hals und
legt ihr Haupt an seine Brust.)*

Flottwell. So bist du halb nur die, die mich sonst ganz
beglückt. Die frohere Hälfte fehlt, und nur die trübe ruht
an meiner Brust. Komm, laß uns Frieden schließen, trautes
Kind. Du ahnest nicht, was mich so freudig stimmt. Du
sollst nicht länger hier in deiner Hütte weilen. Du mußt
mir morgen schon nach meinem Schlosse folgen. Zu lange
schmückt der Brautkranz deine seidnen Locken, er könnte
sonst auf deiner Stirne welken. Die Welt muß als mein
treues Weib dich grüßen, du darfst durchaus nicht länger
widerstreben.

Cheristane. Oh, mehr' mein Leid nicht! Zieh mich nicht
auf diese Höhe, sie zeigt ein Paradies mir, das ich nie be-
treten darf. Ich habe dich getäuscht! ich bin nicht das Ge-
schöpf, das du in diesem Augenblick noch in mir suchst.

Flottwell. Sei, was du willst. Hör nur nicht auf, die
Liebenswürdigkeit zu sein. Drei Jahre sind es, als ich auf
der Jagd mich bis hieher verirrt und dich zum erstenmal
erblickte. Befremdend glänzte deine Schönheit in der niedern Hütte wie ein Edelstein in eines Bettlers Hand. Du
weihtest mir dein Herz. Doch durft ich niemals forschen,
woher du kamst und wer du seist. Und sieh! ich war so
folgsam wie ein Kind, nie hast du eine andre Frag gehört,
als ob du mich auch immer lieben wirst. Du hast die Gegend in ein Eden hier verwandelt und pflanztest Blumen,
wie sie nur des Indiers Träume schmücken. Ich hab dich
nie befragt, woher dir solche Macht geworden ist, mir wars
genug, daß dus für mich getan.

Cheristane. Dir waren sie geweiht, doch blühten sie
umsonst. Sie sollten dein Gemüt in ihre duftgen Kreise
ziehn und dich den wahren Wert des Glückes lehren. Ich
hab es nicht erreicht. Zu wild ist deine Phantasie, zu hoch-
begehrend. Du willst, dein Leben soll ein schimmernd Gastmahl sein, und ziehst die Welt an deine goldne Tafel. Ach,
möchte sie dirs einst mit Liebe lohnen!

Flottwell. Sie wird es tun, zeig nicht so düstern Sinn.
Komm, folg mir gleich, du bist durch Einsamkeit erkrankt.

Cheristane. Umsonst. Zu spät! Du kannst mich länger
nicht besitzen, umarmst mich heut zum letztenmal.

Flottwell *(wild und heftig)*. Es darf nicht sein. Wer wagt
den Raub an meinem liebsten Gut? –

Cheristane. Das Schicksal!

1. Aufzug, 13. Auftritt   29

F l o t t w e l l. Glaub es nicht! Mein Glück hat Mut, so
   schnell läßt es sich nicht besiegen. *(Umschlingt sie.)* Ich laß
   dich nicht aus meinem Arm, selbst wenn du treulos bist,
   ich will dich lieben, bis du zu mir wiederkehrst.
(Musik. – In diesem Augenblick fliegt ein roter Adler mit
   einer goldnen Krone auf dem Haupte über den See.)
C h e r i s t a n e. Hinweg von mir, *(für sich)* schon fühl ich
   meiner Macht Vergehen. Siehst du den purpurroten Aar,
   der sein befiedert Haupt mit einer Kron geschmückt?
F l o t t w e l l. Was sprichst du da? Kein Vogel regt sich hier!
(Musik. – Eine Gruppe von Nebelgestalten, deren Auge
drohend auf Cheristane gerichtet ist, fliegt über den See.)
C h e r i s t a n e. Auch nicht die drohenden Gestalten, die
   mich an meine Heimkehr mahnen? Zieht nur voraus, ich
   folge bald. *(Blickt starr nach.)*
F l o t t w e l l. Mein teures Kind, wie bist du schwer erkrankt! Sag an, was sind das für Gestalten? und wer ist
   der gekrönte Aar?
C h e r i s t a n e *(feierlich).* Illmaha, die Feenkönigin. *(Sie*
   sinkt nieder und beugt ihr Haupt. Dann fährt sie fort.)
   Wisse denn, kein menschlich Wesen hast du an dein Herz
   gedrückt. Cheristane ist mein Name, ich bin aus dem Feien-
   geschlechte, meine Heimat sind die fernen Wolken, die in
   ewgen Zauberkreisen über Persien und Arabien ziehen.
F l o t t w e l l. Ist in den Wolken Lieb Verbrechen, straft sie
   dort des Schicksals Fluch? dann wär ja die Erd ein Himmel
   und die Ewigkeit Exil?
C h e r i s t a n e. Oh, höre mich, bevor du lästerst! Schon
   dreimal sind es sieben Jahre, daß ich euren Stern betrat.
   Um Wohltat auf der Erd zu üben, sandte mich die Königin. Sie drückte eine Perlenkrone auf mein ewig junges
   Haupt und sprach: In jeder dieser Perlen ist ein Zauber
   eingeschlossen, welchen du benützen kannst in jeglicher
   Gestalt. Verwende sie mit Weisheit zu der Menschen Heil.
   Wenn du die letzte Perle hast geopfert, ist auch dein Reich
   zu Ende, und du kehrst zurück, um Strafe oder Lohn vor
   meinem Throne zu empfangen. Weh dir, wenn du Un-
   würdige beglückst und so den edlen Schatz dem Dürftigen
   entziehst. – *(Pause, in der sie Julius wehmütig und bedeu-*
   tungsvoll anblickt.) Ob ichs getan, wird mir die Zukunft
   zeigen! – Ich hatte viele Perlen noch, als ich vor deines

Vaters Schloß den siebzehnjährgen Julius erblickte. Du warst so hold wie Frühlingszeit, und ich vermochte nicht, mein liebgereiztes Aug von dir zu wenden. Von diesem Augenblick hatt ich dein Glück in mir beschlossen, und viele Perlen löste ich von meiner Krone ab und streute sie auf dein und deines Vaters Haupt. Daher der unermeßne Reichtum, den er sich in kurzer Zeit erwarb. Oh, hätt ich's nie getan! Er starb. Vom Undank nicht beweint, von dir allein. Du wardst der Güter Herr, und nun erkannt ich erst, daß alles, was ich für dein Wohl zu tun gedachte, durch deine Leidenschaft dir einst zum Unglück werden kann. Ich konnte meinem Herzen länger nicht gebieten, ich führte dich hieher und hab seit dieser Zeit mein höchstes Glück in deiner Lieb gefunden. Nun ist der Traum vorüber. Meine Perlen sind verschwendet, und die letzte mußt ich heut noch deinem Wohle opfern. Einst hab ich nicht bedacht, daß sie das Sinnbild bittrer Tränen werden könnte.

F l o t t w e l l. O Cheristane! was hast du getan? Ich laß dich nicht und werfe alles hin, wenn du mir bleibst. Und ziehst du fort, nimm auch mein Leben mit.

C h e r i s t a n e. Oh, du bist freigebig gleich einem König, du könntest eine Welt verschenken, um einer Mücke Dasein zu erhalten. Doch ich will deine Großmut nicht mißbrauchen. Schenk mir ein Jahr aus deinem Leben nur. Ein Jahr, das ich mir wählen darf, auf das du nie mehr Anspruch machst.

F l o t t w e l l. Oh, nimm es hin! Nimm alles hin! Nimm dir das glücklichste, das einzige, das die nichtswürdge Seligkeit umfängt, die ich noch ohne dich genießen kann.

C h e r i s t a n e. Ich danke dir, ich werde dich nicht hart berauben. Und nun bin ich gefaßt, fall ab, du irdscher Tand! Nur dieser Fels mag ein geheimnisvoller Zeuge sein, daß Cheristane einst auf Erden hat geliebt. *(Wehmütige Musik. Sie verwandelt sich in die Gestalt einer reizenden Nymphe. Zugleich verwandelt sich die Hütte in einen Fels, der mit Blumen umwunden ist, von Palmen gleich Trauerweiden überschattet wird und in welchem der Name Cheristane eingegraben ist. Die praktikablen Blumen neigen sich, und aus den Gesträuchen heben sich zarte Genien und sinken trauernd zu Cheristanens Füßen.)* Die Sonne sinkt, die Blumen neigen ihre Häupter, und meine Genien weinen

1. Aufzug, 13. Auftritt

still, weil sie mit mir die schöne Erde meiden müssen. Die Zeit ist da! Verbannung winkt!
(Musik.)

Flottwell *(stürzt bewegt zu ihren Füßen)*. O Cheristane! Töte mich!

Cheristane. Hab Dank für deine süße Treu, mein teurer Erdenfreund! Was mich betrübt, ich darf es dir nicht sagen, darf dir nicht unser künftig Los enthüllen, doch könntest du des Donners Sprache und des Sturms Geheul verstehen, du würdest Cheristane um dich klagen hören. Oh, könnt ich meine Lieb zu dir in aller Menschen Herzen gießen, ich würde reich getröstet von dir ziehn! *(Sie geht in die Kulisse. Die Genien folgen ihr. Musik beginnt. Cheristane fliegt auf Rosenschleiern, die ein geschwelltes Segel formen, von Genien, welche zart gemalt sind, umgeben, so daß das Ganze eine schöne Gruppe bietet, langsam aus der Kulisse über den See, in welchem sich plötzlich die ganze Gruppe abspiegelt. In diesem Augenblick blickt sie noch einmal wehmutsvoll auf Flottwell und ruft.)* Julius, gedenke mein! *(Dann verhüllt sie sich schnell in den dunklen Schleier ihres Hauptes, das sie trauernd beugt, und plötzlich verwandeln sich die rosigen Segelschleier in Trauerflöre, sowie die Gruppe der Genien nun in abendlicher Beleuchtung gemalt wie durch einen Zauberschlag erscheint. Der rosige Himmel umwölkt sich düster, und nur aus einem unbewölkten Feld schimmern ihr noch bleiche Sterne nach. In dem Cheristane in die entgegengesetzte Kulisse schwebt und)*

Flottwell *(auf den Fels sinkt und ausruft)* O Gott, laß mich in meinem Schmerz vergehn! *(fällt der Vorhang langsam.)*

ZWEITER AUFZUG

Drei Jahre später

ERSTER AUFTRITT

Morgen. Im Hintergrunde die Hauptfronte von Flottwells neuerbautem Schlosse. An dem Fuße der breiten Stufen, welche zu dem palastartigen Portale führen, sitzt ein Bettler. Abgetragne Kleider, doch nicht zerlumpt. Wanderstab. Sein Haar ist grau, und tiefer Gram malt sich in seinen Zügen. Die Morgensonne beleuchtet ihn. Seitwärts ist ein Gittertor, durch welches man in den Schloßgarten sieht. In der Ferne erblickt man auf einem Hügel das früher bewohnte Schloß Flottwells. Die Fenster des neuen Schlosses sind geöffnet, in dem großen Saale brennen noch Lichter.

Flottwell und einige Gäste lehnen am Fenster.

C h o r *(im Tafelsaale).*
    Laßt brausen im Becher den perlenden Wein!
    Wer schlafen kann, ist ein erbärmlicher Wicht.
    Und guckt auch der Morgen zum Fenster herein,
    Ein rüstiger Zecher lacht ihm ins Gesicht.
    Ha! ha! ha! ha!
    (Schallendes Gelächter.)
D e r B e t t l e r *(zugleich mit dem Chor).*
    Oh, hört des armen Mannes Bitte
    Und reicht ihm einen Bissen Brot!
    Der Reichtum thront in eurer Mitte,
    Mich drückt des Mangels bittre Not.
    (Das Gelächter beantwortet gleichsam sein Lied.)
C h o r. Die düsteren Sorgen werft all über Bord!
    Ein Tor, der die Freude nicht mächtig erfaßt.
    Das Leben hält ja nur dem Fröhlichen Wort,
    Wer niemals genoß, hat sich selber gehaßt.
    Ha! ha! ha! ha!
B e t t l e r. Oh, laßt mich nicht vergebens klagen,
    Seid nicht zu stolz auf eure Pracht!

2. Aufzug, 1. Auftritt 33

Ich sprach wie ihr in goldnen Tagen,
Drum straft mich jetzt des Kummers Nacht.
(Er senkt sein Haupt.)
(Valentin und Rosa kommen aus dem Garten.)

V a l e n t i n. Ich hab dir schon hundertmal gesagt, daß du
mit dem Kammerdiener nicht so grob sein sollst. Du weißt,
was er für ein boshafter Mensch ist, am End verschwärzt
er uns beim Herrn.

R o s a. Still sei und red nicht, wenn du nichts weißt. Ich
muß grob sein, weil ich eine tugendhafte Person bin.

V a l e n t i n. Ah, das ist ja keine Konsequenz. Da müßten
ja die Sesselträger[9] die tugendhaftesten Menschen auf der
Welt sein.

R o s a. Bist du denn gar so einfältig? Merkst du denn noch
nicht, daß mir der Kammerdiener überall nachschleicht,
daß ich nicht einmal in der Kuchel a Ruh hab.

V a l e n t i n. Ja was will er denn von dir?

R o s a. Er will mich zu seiner Kammerdienerin machen.

V a l e n t i n. In der Kuchel drauß? Er soll in seiner Kammer
bleiben, wenn er ein ordentlicher Kammerdiener ist. Du
gibst ihm doch kein Gehör?

R o s a. Du willst ja nicht, daß ich ihm meine Meinung sagen
soll.

V a l e n t i n. Aber wohl! Das hab ich ja nicht gewußt. Wirf
ihm deine Tugend nur an Kopf! Es schadet ihm nicht.
Übrigens ist das sehr schön von dir, daß du mir das sagst.

R o s a. Nun warum soll ich ihm denn nicht sagen? Ich mag ihn
ja nicht. Wenn er mir gfallet, so saget ich nichts.

V a l e n t i n. Bravo! Das sind tugendhafte Grundsätze. Aber
der duckmauserische Kammerdiener! Der geht mir gar
nicht aus den Kopf.

R o s a. Es ist nicht mehr zum Aushalten mit ihm. Alles will
er dirigieren. Um die dümmsten Sachen bekümmert er sich.

V a l e n t i n. Jetzt lauft er gar dir nach.

R o s a. Überall muß er dabeisein.

V a l e n t i n. Nu neulich haben s' für unsern Koch Stock-
fische gebracht, da war er auch dabei. Wenn nur mit unsern
gnädgen Herrn etwas zu reden wär, aber der ist seit eini-
ger Zeit verstimmt als wie ein alts Klavier.

---

9. Sänftenträger, deren Grobheit sprichwörtlich ist.

34   *2. Aufzug, 1. Auftritt*

R o s a. Weil nichts aus seiner Heirat wird. Der Herr Präsident von Klugheim gibt ihm seine Tochter nicht. Er kann ihn gar nicht leiden.

V a l e n t i n. Wie soll er ihn denn nicht leiden können? Er kommt ja heut zur Tafel.

R o s a. Ja wenn sich die Leute alle leiden könnten, die miteinander an einer Tafel sitzen, da wär die ganze Welt gut Freund. Was außer dem Herrn Präsidenten da in unser Haus hergeht, das heißt man Tafelfreunde. Das sind nur Freunde von der Tafel, aber nicht von dem, der Tafel gibt.

V a l e n t i n. Und der Herr Präsident?

R o s a. Bei dem ists ganz ein andrer Fall. Das ist ein Ehrenmann. Der halt ein bessere Ordnung in sein Haus als unser Herr. Ich bin sehr gut bekannt dort, denn das Stubenmädel ist meine beste Freundin.

V a l e n t i n. Ich auch. Der Kutscher schätzt mich ungemein. Und der führt das ganze Haus.

R o s a. Ich hör fast jedes Wort. Der Herr Präsident mag unsern Herrn nur darum nicht, weil er so großen Aufwand macht, er fürcht sich halt, er geht zugrund. Der Baron Flitterstein ist ganz ein anderer Mann und fast so reich wie unser Herr. *Den* muß das gnädge Fräulein heiraten.

V a l e n t i n. Das darf nicht sein. Da muß ich mit dem Kutscher drüber reden. Einen bessern kann sie gar nicht kriegen als unsern Herrn. Er ist so wohltätig, so gut.

R o s a. Zu gut ist auch ein Fehler. Ich bin viel zu gut mit dir. Und kurz und gut, der Herr Präsident gibts halt nicht zu.

V a l e n t i n. Sie ist ja wahnsinnig in ihm verliebt. Sie laßt ihn nicht.

R o s a. Sie muß. Da hats schon viele Auftritt geben. Sie kommen immer heimlich zusammen, der Herr Präsident darfs gar nicht wissen. Daß du nur niemand etwas sagst.

V a l e n t i n. Ich werd doch nicht meinen Herrn verraten. Aber warum ladet er denn den Baron Flitterstein heut ein? Er steht ja auf der Liste.

R o s a. Weil er muß. Der Herr Präsident wär ja nicht gekommen ohne ihn. Drum war schon gestern große Tafel, weil heut der Fräulein Amalie ihr Geburtstag ist. Aber gestern sind sie nicht gekommen. Da war der gnädge Herr desperat, hat einen langmächtigen Brief geschrieben an den

Herrn Präsidenten. Der Kammerdiener ist damit in die Stadt geritten, ist ganz erhitzt nach Haus gekommen und hat die Nachricht gebracht, daß sie heut erscheinen werden; aber der Baron kommt mit.

Valentin. Das ist doch erschrecklich, was sie mit dem Herrn treiben. Wann ich nur wüßt, was da zu tun ist. Soll sich denn diese Sach gar nicht ausputzen lassen?

Rosa. Putz du deine Kleider und deine Stiefel aus und kümmere dich nicht um Sachen, die sich nicht für dich schicken.

Valentin. Ich fürcht nur, wenn ihm s' der Baron wegheirat, er tut sich ein Leid an. Am End wirds noch das beste sein, daß ich selber mit dem Herrn Präsidenten vernünftig darüber red.

Rosa. Du? Nu das wurd ein schöner Diskurs werden. Untersteh dich, das wär ja eine Beleidigung für einen solchen Herrn.

Valentin. Ja es ist nur, daß man sich hernach keine Vorwürf zu machen hat. Wenn heut oder morgen ein solches Unglück passiert.

Rosa. Nu geh nur, du einfältiger Mensch!

Valentin. Ja man kann nicht vorsichtig genug sein, weil das eine große Verantwortung wär.

(Beide ab.)

ZWEITER AUFTRITT

Flottwell und sein Haushofmeister aus dem Schloß.

Flottwell. Wie stehts mit uns, mein alter Haushofmeister? Ist alles so, wie ichs befohlen habe? Ich will an Glanz durchaus nicht übertroffen werden, und für Amaliens Freude ist kein Opfer mir zu groß.

Haushofmeister. Jawohl ein Opfer, gnädger Herr. Da sich das Gastmahl heute glänzender noch wiederholt, so wird die Rechnung ziemlich stark ausfallen.

Flottwell. Drum ists ein Glück, daß Er sie nicht zu zahlen braucht. Der reiche Flottwell wird doch keinen Heller schulden? Wie ist es mit dem Schmuck, den ich bestellt, hat ihn der Juwelier noch nicht gebracht?

Haushofmeister. Noch weiß ich nichts.

Flottwell *(auffahrend)*. Den Augenblick schickt nach der Stadt. Es ist die höchste Zeit, er sollte schon die vorge Woche fertig sein.

Haushofmeister. Hätten Euer Gnaden ihn bei dem braven Mann bestellt, den ich Euer Gnaden empfohlen habe, so würden Sie ihn schon besitzen. Er würde schön und billig ausgefallen sein. Allein der Kammerdiener hat –

Flottwell. Mir einen bessern anempfohlen. Ists nicht so?

Haushofmeister. Das glaub ich kaum.

Flottwell. Die Meinung steht Ihm frei. Doch lieb ichs nicht, wenn meine Diener mir als Lehrer dienen wollen. Dies für die Zukunft. Nun den Juwelier. *(Wendet sich von ihm.)*

Haushofmeister *(für sich, gekränkt)*. O Treue, was bist du für ein armer Hund, daß Undank dich mit Füßen treten darf. *(Ab.)*

DRITTER AUFTRITT

Flottwell. Der Bettler, welcher immer mit unbedecktem Haupt erscheint.

Flottwell. Ein altes Möbel aus des Vaters Nachlaß. Der Mann ist immer unzufrieden mit allem, was ich tue. Die alten Leute sind doch gar zu wunderlich. Ich bin so schlecht gelaunt. Heut wird ein heißer Tag auf Flottwells Schloß, ein groß entscheidender. Ich kann Amalie nicht verlieren, sie nicht in eines andern Arm erblicken, ich hab es ihr geschworen; und gelingt es mir nicht, ihren Vater zu gewinnen, läßt er nicht ab, sein Kind dem Starrsinn aufzuopfern, so müßte ich zu einem bösen Mittel greifen. Schon gestern hab ich einen Brief erwartet. Gott! wenn sie wanken könnte. *(Erblickt den Bettler, der nachdenkend mit seinem Stabe in den Sand schreibt.)* Was macht der Bettler dort! Ich hab ihn heut vom Fenster schon bemerkt, und sein Gesang hat mich ganz sonderbar ergriffen. Mir wars, als hätt ich ihn schon irgendwo gesehn und als wollt er meiner Lust ein Grablied singen. Mich wunderts, daß ihn meine Dienerschaft hier sitzen läßt. Was schreibst du in den Sand mit deinem Bettelstab?

Bettler. Die Summen Goldes, die ich einst besaß.

2. Aufzug, 3. Auftritt 37

Flottwell. So warst du reich?

Bettler *(seufzend)*. Ich wars.

Flottwell. Daß du Verlust betrauerst, zeigt die Trän in deinem Auge.

Bettler. *Was* ich betraure, *spiegelt* sich in meiner Träne! – Ein Palast.

Flottwell *(betroffen)*. Oho! – Was warst du, und wie heißest du?

Bettler. Es ist die letzte Aufgabe meines Lebens, beides zu vergessen. Das einzge Mittel, das mich vor Verzweiflung retten kann.

Flottwell. Sonderbar. *(Wirft ihm ein Goldstück in den Hut.)* Hier nimm dies Goldstück! *(Will nach dem Garten gehen.)*

Bettler *(springt auf und stürzt zu seinen Füßen, ohne ihn je zu berühren)*. O gnädger Herr, schenken Sie mir mehr, schenken Sie mir eine Summe, welche Ihrer weltberühmten Großmut angemessen ist.

Flottwell. Bist du beweibt, hast du so viele Kinder?

Bettler. Ich bin allein, nur Gram begleitet mich.

Flottwell *(wirft ihm noch ein Goldstück hin)*. So sättge dich und jag ihn fort.

Bettler. Er läßt sich nicht so leicht verjagen als das Glück.

Flottwell. Er ist nur Wirkung, heb die Ursach auf.

Bettler. Vermögen Sie die Ursach Ihrer Lieb zu tilgen?

Flottwell. Wer sagt dir, daß ich liebe?

Bettler. Wer denket groß und liebet nicht?

Flottwell. Willst du mir schmeicheln, Bettler? Schäme dich!

Bettler. Soll Schmeichelei denn nur ein Vorrecht reicher Menschen sein? Sie stammt von Bettlern ab, weil sie von Geistesarmut zeigt[10].

Flottwell. Ich frag dich nicht, um deines Mißmuts Spott zu hören. *(Beiseite.)* Mir ist so bang in dieses Mannes Nähe. Du kannst mit dem Geschenk zufrieden sein. *(Will gehn.)*

Bettler *(flehend)*. Nein, gnädger Herr! ich bin es nicht, ich darfs nicht sein. Erbarmen Sie sich meiner Not. Nicht Habgier ists. Nicht Bettlerlist. Beschenken Sie mich reich, ich werde dankbar sein!

10. Zeugt.

Flottwell. So nenn mir deinen frühern Stand.

Bettler. Ich nenn ihn nicht. Der Armut Rost hat meinen Schild zernagt, wer frägt darnach, was ihn einst für ein Sinnbild zierte. Ich weiß es, ich begehre viel, und meine Forderung kann mich in Verdacht des Wahnsinns bringen. Doch ist er fern von meinem Geist, und werd ich noch so reich bedacht, so hab ich einst viel größere Summen selbst gegeben.

Flottwell. Oh, schäm dich, so um Geld zu jammern, es ist das Niedrigste, was wir beweinen können. Du hast genug für heut, ein andermal komm wieder.

Bettler. Ich bin ein Bettler und gehorche. *(Verbeugt sich und geht langsam fort.)*

(Ein Diener eilig mit einem Brief.)

Diener. Gnädger Herr! ein Brief. *(Übergibt ihn und geht wieder fort.)*

Flottwell *(sieht die Aufschrift)*. Von Amalie, von meiner himmlischen Amalie. *(Liest.)* „Mein teurer Julius! Verzeih, daß ich Dir gestern nicht geschrieben habe, allein der große Kampf in meinem Herzen mußte erst entschieden sein. Doch nun gelob ich Dir, Dich niemals zu verlassen. Ich willge nicht in meines Vaters strenge Forderung, und kann kein Flehen sein sonst so edles Herz erweichen, so mag geschehen, was wir beschlossen haben." – Amalie mein! oh, könnt ich doch die Welt umarmen! He du! *(Der Diener kommt.)* Ruf mir den Bettler dort zurück, der eben sich in jene Laube setzt. *(Zeigt in die Kulisse.)*

Diener. Ich sehe keinen Bettler, gnädger Herr!

Flottwell. Bist du denn blind! Geh fort! *(Bedienter ab. Ruft.)* He Alter, komm!

Bettler. Was befehlen Sie, mein gnädiger Herr!

Flottwell. Ich habe eine frohe Botschaft hier erhalten, und Flottwell kann sich nicht allein erfreun. Verzeih, ich habe dich zu karg behandelt. Nimm diesen Beutel hier, auch diesen noch. *(Wirft sie ihm in den Hut.)* Nimm alles, was ich bei mir habe. Was ich verschenken kann, hat eines Sandkorns Wert gen den unendlichen Gewinn, der mir durch diesen Brief geworden ist. *(Nach dem Garten ab.)*

Bettler *(allein)*. O Mitleid in des Menschen Brust! Wie bist du oft so kränkelnder Natur, als hätte dich ein wei-

2. Aufzug, 4. und 5. Auftritt   39

nend Kind gezeugt. Begeistrung ists, die alles Edle schnell
gebiert, sie hat mit des Verschwenders Gold des Bettlers
Hut gefüllt. *(Geht ab.)*

VIERTER AUFTRITT

Dumont, elegant gekleidet, kommt aus dem Schloß.

D u m o n t. Ach, wie sein ick doch vergnügt! Ein ganzer Jahr
hab ich der Gegend nicht gesehen. Die Nacht war mir zu
lang. Ich hatte fünfzig Dukaten auf eine Karte gesetzt,
hatt sie gewonnen, da schlug der Nachtigall, ich lief davon,
der Geld blieb stehn und war perdu. Doch was sein Duka-
tenglanz gegen Morgenrot! Prächtiger Tag! Die Natur
legen heut aller ihrer Reize zur Schau. *(Blickt durch die
Lorgnette in die Szene.)* Da kommt ein altes Weib!

FÜNFTER AUFTRITT

*Voriger. Ein altes zahnloses Mütterchen, zerrissen gekleidet,
auf dem Rücken einen großen Bündel Reisig.*

D u m o n t. Bon jour, Madame! Wo tragen du hin das Holzen?
W e i b. Nach Haus. Gleich ins Gebirg, nach Blunzendorf.
D u m o n t. Blonsendorf? O schöner Nam! Du wohnen wohl
sehr gerne im Gebirge?
W e i b. Ah ja, 's Gebirge wär schon schön. Wenn nur die
Berg nicht wären! Man steigt s' so hart.
D u m o n t. Das sind der Figuren, die der Landschaft be-
leben. O, mir gefallen das Weib sehr.
W e i b *(beiseite).* Ich gfall ihm, sagt er. Ja, einmal hätt ich
ihm schon besser gfallen.
D u m o n t. Sie sein so malerisch verlumpt. Ich kann sie nicht
genug betrachten. *(Er sieht durch die einfache Lorgnette
und drückt das linke Auge zu.)*
W e i b. Er hat im Ernst ein Aug auf mich; aber 's andre
druckt er zu.
D u m o n t. Du seien wohl verheiratet?
W e i b. Schon über dreißig Jahr.
D u m o n t. Und bekümmern sich dein Mann doch noch
um dich?

40   *2. Aufzug, 5. Auftritt*

W e i b. Ah ja. Er schlagt mich fleißig noch.

D u m o n t. Er slagen dich? O! Das sein nick schön von ihm.

W e i b. Ah, es is schon schön von ihm. Das ist halt im Gebirg
bei uns der Brauch. Ein schlechter Haushalt, wo s' nicht
raufen tun.

D u m o n t. Unschuldige Freuden der Natur. Von dieser Seit
muß sich das Bild noch schöner machen. Stell dich dort hin.
Ich will dich gans von ferne sehen.

W e i b. Hören S' auf! Was sehen S' denn jetzt an mir? Hätten S' mich vor vierzig Jahren angschaut. Jetzt bin ich
schon ein altes Weib.

D u m o n t. Das machen deiner Schönheit eben aus. Du sein
vortrefflich alt. Au contraire, du sollen noch mehr Falten
haben.

W e i b. Warum nicht gar. Mein Mann sein die schon zu viel.

D u m o n t. Du sein wahrhaft aus der niederländischen Schule.

W e i b. Ah beleib. Ich bin ja gar nie in die Schul gegangen.

D u m o n t. Ick hab einer ganzer Sammlung solcher alter
Weiber zu Haus.

W e i b. Jetzt ists recht. Der sammelt sich die alten Weiber,
und die andern wären froh, wenn sie s' losbringeten.

D u m o n t *(nimmt einen runden kleinen schwarzen Spiegel
aus der Tasche, dreht sich um und läßt die Gegend ab-
spiegeln).* O quel contraste! Das Schloß! Der Wald! Der
Weib! Der Ochsen auf der Flur! O Natur, Natur! Du sein
groß ohne H'Ende.

W e i b. Der Mensch muß narrisch sein. Jetzt schaut er sich
in Spiegel und sieht Ochsen drin.

D u m o n t. Hier hast du einen Dukaten. Jetzt hab ich dich
genug gesehen. *(Gibt ihr ein Goldstück.)*

W e i b *(rasend erfreut).* Ah Spektakel! Ah Spektakel! Jetzt
schenkt er mir gar ein Dukaten. Euer Gnaden, das ist ja
z'viel, ich trau mir ihn gar nicht zu nehmen. Für was denn?
sagen S' mirs nur.

D u m o n t. Dein Anblick hat mir sehr viel Vergnügen ver-
schafft.

W e i b. Nein, das hätt ich meinen Leben nicht geglaubt, daß
ich mich in meinen alten Tagen sollt noch ums Geld sehn
lassen. Ich dank vieltausendmal. *(Küßt ihm die Hand.)*
Euer Gnaden verzeihen S' – Ich bitt Ihnen – hab ich Ihnen
denn wirklich gfallen?

Dumont *(muß lachen)*. O, du gefallen mir außerordentlich.
Weib *(verschämt)*. Hören S' auf. Sie konnten ein altes Weib
   völlig verruckt machen. Nein, wenn das mein Mann erfahrt, der erschlagt mich heut aus lauter Freud. Ich sags
   halt. Wenn man einmal recht schön war und man wird
   noch so alt, es bleibt doch allweil noch a bissel was übrig.
   (Trippelt ab.)
Dumont *(sieht ihr nach)*. Ha! wie sie schwankt. Wie ein
   alter Schwan! Ich sein so aufgeregt, daß mir jeder Gegen-
   stand gefallen.

SECHSTER AUFTRITT

Voriger. Rosa will mit einem Kaffeegeschirr nach dem Garten.

Dumont. Ah ma belle Rosa!
Rosa. Guten Morgen, Herr Chevalier!
Dumont *(hält sie auf)*. O, Sie kommen nicht so schnell
   von mich. Der Alt sein charmant, aber der Jung gefallen
   mir doch noch besser. Das sein Malerei für der Aug, das
   sein Malerei für der Herz.
Rosa. Herr Chevalier, ich hab kein Zeit, der gnädige Herr
   wünscht noch Kaffee zu trinken.
Dumont. Ah! Schöne Ros'! *(Umfaßt sie zärtlich.)*
Rosa *(windet sich los)*. Ah was generos. Was hab ich von
   Ihrer Generosität. Ich muß in Garten hinaus.
Dumont. O, Sie dürfen nicht. Ich sein zu enchanté. Die-
   ser Wangen! Dieser Augen! Dieser Augenblicken! O Natur,
   was haben du da geschaffen, ich kann mick nicht enthalten.
   Ich mussen Sie embrasser.
Rosa. Herr Chevalier, lassen Sie mich los, oder ich schrei.
Dumont. Ich will den Mond versiegeln. *(Will sie küssen,
   sie schreit und läßt das Kaffeegeschirr fallen.)*

SIEBENTER AUFTRITT

Vorige. Flottwell und Wolf aus dem Garten.

Flottwell. He, he, Herr Chevalier! Was machen Sie
   denn da?
Dumont. Ich bewundre der Natur!

42   2. Aufzug, 7. Auftritt

F l o t t w e l l. Bravo! Sie dehnen Ihre Liebe zur Natur auf die höchsten und auf die gemeinsten Gegenstände aus.

W o l f. Schön oder häßlich, das gilt dem Herrn Chevalier ganz gleich.

D u m o n t. Was sagen Sie da von Häßlichkeit! Der Natur sein der höchster Poesie, und wahre Poesie kann nie gemein noch häßlich sein. Ich wollen mich für ihrer Schönheit schlagen, und schlagen lassen; und fallen ick, so schreib der Welt mir auf mein Grab:

> Es schlafen unter diesem Stein
> Chevalier Dumont hier ganz allein,
> Er haben nur gemacht der Cour
> Auf Erd der himmlischen Natur.
> Nun seien tot. Welch glücklick Los!
> Er ruhn in der Geliebten Schoß
> Und wird, kehrt er im Himmel ein,
> Naturellement willkommen sein.
> *(Geht stolz ab ins Schloß.)*

R o s a *(lest das Geschirr zusammen)*. Abscheulich! Allen Zudringlichkeiten ist man ausgesetzt in diesem Haus.

F l o t t w e l l. Weich Sie den Gästen aus, wenn sie Champagner getrunken haben. Ich bin sehr unzufrieden mit Ihr, Herr Wolf hat sich auch beklagt, daß Sie sehr unartig mit ihm ist und ohne Achtung von mir spricht.

R o s a. Der gnädige Herr Kammerdiener? Ah, jetzt muß ich reden –

W o l f *(fein)*. Das soll Sie nicht, mein Kind, Sie soll nur Ihren Dienst versehen.

R o s a. Ich stehe bei dem gnädgen Herrn in Diensten und nicht bei gewissen Leuten.

W o l f. Schweig Sie nur –

R o s a. Nein, nichts will ich verschweigen. Alles muß heraus.

W o l f. Welche Bosheit!

F l o t t w e l l. Still! die Sache wird zu ernsthaft.

R o s a. Wissen Euer Gnaden, was der Kammerdiener gesagt hat?

F l o t t w e l l. Was hat er gesagt?

R o s a. Er hat gesagt –

> *(Valentin schnell.)*

V a l e n t i n. Der Juwelier ist da.

2. Aufzug, 7. Auftritt   43

Flottwell. Ah bravo! Nur geschwinde auf mein Zimmer. *(Geht schnell ab.)*
(Der Juwelier tritt von der Seite ein, und)
Wolf *(führt ihn ins Schloß, vorher sagt er zu Rosa).* Wir sprechen uns, Mamsell. *(Ab.)*
Rosa *(steht wie versteinert).* Da steh ich jetzt!
Valentin. Da steht sie jetzt.
Rosa. An wem soll ich nun meinen Zorn auslassen?
Valentin. Wart, ich besorg dir wem. *(Will fort.)*
Rosa. Du bleibst! An dir will ich mich rächen, du verhängnisvoller Mensch. *(Geht auf ihn los.)*
Valentin. An mir? Das ging' mir ab. Ich hab ja gar nichts gesagt als: Der Juwelier ist da.
Rosa. Still sei! oder – *(Reibt auf[11] und will ihm eine Ohrfeige geben, wird aber plötzlich schwach.)* Weh mir! mich trifft der Schlag.
Valentin. Das ist ein Glück, sonst hätt er mich getroffen.
Rosa *(springt).* Der Juwelier soll hingehn, wo der Pfeffer wächst.
Valentin. Das kannst ihm selber sagen. Ich weiß nicht, wo er wächst.
Rosa. Schweig! ich weiß mich nicht zu fassen.
Valentin. Nu schimpf nur zu, der Juwelier wird dich schon fassen.
Rosa. Gleich geh mir aus den Augen *(tut, als wollt sie ihm die Augen auskratzen),* du bist an allem schuld!
Valentin. Ich hab ja gar nichts gsagt als: Der Juwelier ist da.
Rosa. Das ist ja dein Verbrechen eben. Du hättest gar nichts sagen sollen, wenn du siehst, daß meine Tugend auf dem Punkt steht, ihre Rechte zu verteidigen. *(Ab.)*
Valentin. Das ist schrecklich. Da darf ja eine noch so viele Untugenden haben, so kann man nicht soviel Verdruß haben als wegen derer ihrer unglückseligen Tugend. Und ich weiß mich gar nichts schuldig. Ich muß nur grad das Gesetzbuch aufschlagen lassen, um zu erfahren, was denn das für ein Verbrechen ist: Wenn einer sagt, der Juwelier ist da! *(Ab.)*

---

11. Holt zum Schlage aus.

ACHTER AUFTRITT

VERWANDLUNG

Kurzes Kabinett Flottwells. Durch die Fenster sieht man in eine Kolonnade und durch diese ins Freie.

Flottwell und der Juwelier treten ein.

Flottwell *(sehr fröhlich).* Wo haben Sie den Schmuck? Geben Sie! Ich freue mich schon wie ein Kind! Wie wird sich erst Amalie freuen!

Juwelier. Hier ist er!

Flottwell *(besieht ihn und wird ernst).* Mein Gott, was haben Sie denn gemacht?

Juwelier. Wieso?

Flottwell. So kann ich ihn nicht brauchen!

Juwelier. Er ist nach Ihrer Angabe, gnädger Herr!

Flottwell *(wird immer heftiger).* Nein, nein! das ist er nicht!

Juwelier. Ganz nach der Zeichnung, ich versichere Sie!

Flottwell. Nein, nein, nein, nein. *(Mißmutig.)* Er ist zu altmodisch, auch sind es nicht die Steine, die ich ausgewählt.

Juwelier. Herr von Flottwell! das betrifft ja meine Ehre.

Flottwell. Die meine auch, ich kann den Schmuck nicht brauchen.

Juwelier. Ich nehm ihn nicht zurück.

Flottwell. Das müssen Sie.

Juwelier. Ich will ihn ändern.

Flottwell. Zu spät. Er ist ja ein Geschenk zum heutgen Fest. Sie haben meine schönste Freude mir gemordet durch Ihre Ungeschicklichkeit.

Juwelier *(etwas beleidigt).* Herr von Flottwell – *(Faßt sich.)* Ich versichere Sie, es ist nur eine Grille.

Flottwell. Versichern Sie mich nicht, der Schmuck ist schlecht.

Juwelier. Betrachten Sie ihn nur.

Flottwell. Nein, er ist mir so zuwider, daß ich ihn zum Fenster hinauswerfen könnte.

Juwelier. Das werden Sie wohl bleibenlassen, denk ich!

Flottwell. Das werd ich nicht. Da liegt er! *(Schleudert ihn zum Fenster hinaus.)*

2. Aufzug, 8. Auftritt   45

J u w e l i e r *(erschrocken)*. Ums Himmels willen! der Schmuck beträgt zweitausend Taler!

F l o t t w e l l *(stolz)*. Ist Ihnen bange? Lumpengeld! Sie sollen es erhalten! Warten Sie! *(Er eilt ins Kabinett.)*

J u w e l i e r. Das ist ein Wahnsinn, der mir noch nicht vorgekommen ist. Ich hol den Schmuck herein! *(Läuft ab.)*

(Man sieht den Bettler vor dem Fenster, welcher den Schmuck aufgehoben hat, ihn gen Himmel hält und singt.)

B e t t l e r. Habt Dank, habt Dank, ihr guten Leute,
        Daß ihr so reichlich mich beschenkt,
        Mein Herz ist ja des Kummers Beute,
        Durch eigne Schuld bin ich gekränkt.
        (Er entfernt sich durch die Säulen und wiederholt
        noch die letzten Worte in der Ferne.)

J u w e l i e r *(kömmt bestürzt zurück)*. Der Schmuck ist fort, ich find ihn nicht.

(Flottwell aus dem Kabinett. Er hat sich Besinnung geholt, und sein Betragen zeigt, daß er seine Heftigkeit bereut und sich ihrer schämt. Er trägt zwei Rollen Gold.)

F l o t t w e l l *(edel freundlich)*. Hier haben Sie Ihr Geld, mein Herr!

J u w e l i e r *(artig)*. Herr von Flottwell, ich bedaure sehr –

F l o t t w e l l. Bedauern Sie nichts – An mir ist das Bedauern meiner unverzeihlichen Heftigkeit. Mein Blut spielt mir manch tollen Streich. Ich muß zur Ader lassen nächster Tage.

J u w e l i e r. Ein gütig Wort macht alles wieder gut.

F l o t t w e l l *(drückt ihm gutmütig die Hand)*. Nicht wahr, Sie nehmen es nicht übel, lieber Freund – und Sie vergessen es – Sie sprechen auch nie mehr davon? Ich wünschte nicht, daß Sie es irgendwo erzählen möchten.

J u w e l i e r. Ich geb mein Ehrenwort.

F l o t t w e l l. Ja, ja, ich weiß, ich kann mich ganz auf Sie verlassen. Auch werd ich Ihre Kunst gewiß sehr bald in Anspruch wieder nehmen. Gewiß, gewiß, ich werde bald etwas bestellen lassen. Sehr bald. Und nun Adieu, mein Freund, und keinen Groll.

J u w e l i e r *(mit einer tiefen Verbeugung)*. Wie könnt ich das, ich bin so tief gerührt. *(Im Abgehen.)* Wenn er doch nur bald wieder etwas machen ließe! *(Ab.)*

46   2. Aufzug, 8. Auftritt

F l o t t w e l l *(allein).* Ein sturmbewegter Tag! Wär er doch
    schon vorüber. *(Wirft sich vor sich hinstarrend in einen*
    Stuhl.)
(In der Ferne klingen die letzten Verse von des Bettlers
                    Gesang.)
B e t t l e r. Mein Herz ist stets des Kummers Beute,
            Durch eigne Schuld bin ich gekränkt.
F l o t t w e l l *(springt auf).* Welch Gesang –
                    (Wolf tritt ein.)
W o l f. Ach liebster gnädger Herr! Wie hat der Juwelier
    doch seine Sache schlecht gemacht, ich hab ihn eben aus-
    gezankt. Doch stellen Sie sich vor, der Schmuck ist weg,
    und niemand will ihn aufgehoben haben.
F l o t t w e l l. Das wäre mir sehr unlieb – denn er kostet
    viel.
W o l f. Er muß sich finden, ich sah ihn aus dem Fenster flie-
    gen. Niemanden gewahrt ich in der Nähe als das Kammer-
    mädchen Rosa. Ich eilt sogleich herab, da war sie fort, und
    als ich sie befragte, wollt sie nichts gesehen haben.
F l o t t w e l l. Das kann ich doch nicht von ihr glauben.
W o l f. Man muß die Sache untersuchen lassen.
F l o t t w e l l. Nur heute nicht. Das macht zu großes Auf-
    sehen; und dann wer weiß, ists wahr.
W o l f. Gewiß, ich hab es ja beinahe gesehen.
F l o t t w e l l. Wenn es wahr ist, muß sie fort, sonst wünsch
    ich keine Strafe.
W o l f. Wie der Himmel doch die Menschen oft verläßt! Es
    ist schon alles zu dem Fest bereitet, die Gäste sind im
    Gartensaal versammelt. Ich habe die schöne Aussicht nach
    dem Tal mit Traperien verhängen lassen. Wir wollen war-
    ten, bis die Sonne untergeht, und wenn sie plötzlich schwin-
    den, wird es einen imposanten Anblick geben.
F l o t t w e l l. Sind die Tänzer schon bereitet?
W o l f. Ja. Der Herr Präsident ist auch schon hier.
F l o t t w e l l. Amalie hier! Was sagst du das erst jetzt?
W o l f. Ich habe sie in das blaue Zimmer geführt, der Baron
    ist aber nach dem Garten gegangen.
F l o t t w e l l *(auffahrend).* Der Baron? Schändlich, daß ich
    meinen Nebenbuhler noch zu Gaste bieten muß. Was soll
    ich nun Amalien verehren, der Schmuck ist fort.
W o l f. Schenken Sie ihr die kostbare Vase, die Sie erst ge-

2. Aufzug, 9. und 10. Auftritt 47

kauft haben, das ist doch ein Geschenk, das eines Millionärs
würdig ist.

F l o t t w e l l. Sie ist von großem Wert, doch eben recht,
der Präsident ist ein Freund der Künste. Vielleicht ge-
winnt ihn das.

W o l f *(für sich)*. Da irrst du dich.

F l o t t w e l l. Laß sie mit Blumen schmücken, kurz, besorge
alles. Ich muß zu ihr, zu ihr. –

(Beide ab.)

NEUNTER AUFTRITT

VERWANDLUNG

in ein nobles Gemach.

Der Präsident von Klugheim und Amalie.

K l u g h e i m. Beruhige dich doch, meine Tochter, und laß
mich nicht bereuen, daß ich so schwach war, deinen Bitten
nachzugeben.

A m a l i e *(ihren Schmerz bekämpfend)*. Ja, mein Vater, ich
will ruhig sein.

K l u g h e i m. Nun seh ich erst, du hast mich durch er-
zwungne Fröhlichkeit getäuscht. Du solltest ihn nicht wiedersehen.

A m a l i e. Im Gegenteil, mein Vater, es wird auf lange Zeit
mich stärken, meine Leiden zu ertragen.

K l u g h e i m. Vergiß nicht, daß wir in Gesellschaft sind
und daß dich der Baron mehr als sein Leben liebt.

ZEHNTER AUFTRITT

Vorige. Flottwell.

F l o t t w e l l *(mit Herzlichkeit)*. Mein verehrungswürdiger
Herr Präsident! Die höchste Gunst, die ich vom Glück er-
langen konnte, ist die Ehre, Sie auf meinem Schlosse zu
begrüßen. Mein holdes Fräulein! Flottwell wird es nie
vergessen, daß Ihr edles Herz es nicht verschmähte, seines
kleinen Festes Königin zu sein.

A m a l i e *(sich verbeugend)*. Herr von Flottwell –

48   *2. Aufzug, 10. Auftritt*

K l u g h e i m. Genug der Zeremonie. Es kommt der Freund
zum Freunde.

F l o t t w e l l. Ist das wirklich so, Herr Präsident?

K l u g h e i m. Zweifeln Sie daran? Dann wär es nur zur
Hälfte so.

F l o t t w e l l. Ach, wie sehnlich wünsch ich, daß es ganz
so wäre! Daß ich Sie –

K l u g h e i m *(fein)*. Herr von Flottwell, jeder Ausfall auf
frühere Verhältnisse ist gegen die Bedingung, unter welcher ich Ihre heutige Einladung angenommen habe.

A m a l i e. Bester Vater, lassen Sie sich doch erweichen!
Wenn Ihnen das Leben Ihres Kindes etwas gilt.

K l u g h e i m. Was soll das sein? Ist ein Komplott gegen
mich im Werke? hat man mich hieher geladen, um eine
Sache zu erneuern, die ich für beendet hielt?

F l o t t w e l l. Sie irren sich, Herr Präsident. Ihr Fräulein
Tochter –

K l u g h e i m. Ist eine Schwärmerin. Ihres Lebens Glück ist
mir von Gott vertraut, und niemand kann es mir ver-
argen, wenn ich sie nicht in ihres Unglücks Arme führe.

F l o t t w e l l. Herr Präsident, Sie verkennen mich zu sehr.

K l u g h e i m. Ich sehe klar, was Ihnen erst die Zukunft
einst enthüllen wird.

F l o t t w e l l. Ich bin verleumdet.

K l u g h e i m. Durch niemand –
                    (Flitterstein öffnet die Tür.)

F l o t t w e l l. Durch den hinterlistgen Baron Flitterstein –

B a r o n F l i t t e r s t e i n *(mit Erstaunen, ohne den Anstand zu verletzen)*. Ist hier von mir die Rede?

F l o t t w e l l *(frappiert)*. Nein –

F l i t t e r s t e i n *(faßt sich und lächelt fein)*. Ah so. Also
von einem Verwandten von mir. Das wollte ich als Edelmann nur wissen.

F l o t t w e l l *(verlegen)*. Herr Baron! Ich bin erfreut –

F l i t t e r s t e i n *(schnell)*. Ich verstehe. Meine Freundschaft
zu dem Herrn Präsidenten –

F l o t t w e l l. Ist die Ursache, daß Sie mir die Ehre Ihres
Besuches schenken. Ich bin von allem unterrichtet. *(Nach
einer Pause, durch welche sich die Verlegenheit aller an-
kündigt.)* Ist es nun gefällig, sich zur Gesellschaft zu be-
geben?

Flitterstein. Nach Belieben.

Flottwell *(reicht Amalien den Arm)*. Mein Fräulein!
(Führt sie fort.)

(Flitterstein folgt.)

Klugheim. Ich fürchte, wir haben den Frohsinn gerufen
und dem Mißmut unsre Tore geöffnet. *(Ab.)*

ELFTER AUFTRITT

VERWANDLUNG

*Herrlich mit Gold und Blumen geschmückter Gartensaal.
Die Hinterwand geschmackvoll traperiert.*

*Alle Gäste sind versammelt. Nobel gekleidete Herren und
Damen. Dumont. Walter.*

*Während des Chores treten der Präsident, Flitterstein, Flott-
well und Amalie ein und setzen sich. Wolf.*

Chor.   Froh entzückte Gäste wallen
        Durch die reich geschmückten Hallen.
        Will sich Lust mit Glanz vermählen,
        Muß sie Flottwells Schloß sich wählen.
        Nur in seinen Sälen prangt,
        Was das trunkne Herz verlangt.

*(Tänzer und Tänzerinnen im spanischen Kostüm führen
einen reizenden Tanz aus, und am Ende bildet sich eine im-
posante Gruppe, bei welcher Kinder in demselben Kostüme
die Vase, mit Blumen geschmückt, auf ein rundes Postament
in die Mitte des Theaters stellen.)*

Flottwell *(für sich)*. Was hat doch Wolf gemacht, jetzt
sollte sie sie nicht erhalten.

Klugheim. Sehen Sie doch, Baron, hier die berühmte
Vase, welche ein Franzose dem Minister um zwanzigtau-
send Frank anbot.

Flitterstein. Wahrhaftig, ja, sie ist es.

Mehrere Gäste *(betrachten sie)*. Wirklich schön!

Walter. Sehn Sie doch hier, Chevalier, die Vase aus Paris.

Dumont *(in einem Stuhl hingeworfen, ohne hinzusehen)*.
O charmant! Sie sein ganz außerordentlick.

Walter. Sie haben sie ja gar nicht angesehen.

Dumont. Ick brauchen sie gar nick zu sehen, ick brauchen

nur zu hören de Paris, kann gar nick anders sein als magnific.

F l i t t e r s t e i n. Fürwahr, Sie sind um dieses Kunstwerk zu beneiden, Herr von Flottwell.

F l o t t w e l l *(für sich).* Nun kann ich nicht zurück. *(Laut.)* Es ist nicht mehr mein Eigentum. Ein unbedeutendes Geschenk, das ich der Königin des Festes weihe.

A m a l i e *(erfreut).* Ach Vater! wie erfreut mich das.

K l u g h e i m *(strenge).* Nicht doch, mein Kind! Verzeihen Sie, Herr von Flottwell, das geb ich nicht zu. Das Geschenk hier ist durchaus zu kostbar, um es anzunehmen.

F l i t t e r s t e i n. Ja, ja, es ist zu kostbar.

F l o t t w e l l. Das ist es nicht, mein Herr Baron. Die Welt erfreut sich keines Edelsteines, der zu kostbar wäre, ihn *diesem* Fräulein zum Geschenk zu bieten.

K l u g h e i m. Auch weiß ich nicht, wie wir zu solcher Ehre kommen.

F l i t t e r s t e i n *(halblaut).* Die mehr beleidigend als –

F l o t t w e l l *(fängt es auf).* Beleidigend?

F l i t t e r s t e i n. Ich nehm es nicht zurück!

F l o t t w e l l *(verbissen).* Wie kömmt es denn, mein Herr Baron, daß Sie das Wort so eifrig für des Fräuleins Ehre führen?

K l u g h e i m. Er spricht im Namen seiner künftgen Braut.

E i n i g e G ä s t e. Da gratulieren wir!

F l o t t w e l l *(vernichtet).* Dann hab ich nichts mehr zu erwidern!

K l u g h e i m. Nehmen Sie die Vase hier zurück, so beschenkt ein Fürst, kein Edelmann.

F l o t t w e l l *(stolz). Ich* beschenke so! ich bin der König meines Eigentums. Dieses Kunstwerk hatte seinen höchsten Wert von dem Gedanken nur geborgt, daß diese schöne Hand es einst als ein erfreund Eigentum berühren werde, es soll nicht sein! Ich acht es nicht. Wolf! *(Wolf tritt vor)* nimm sie hin! Ich schenke diese Vase meinem Kammerdiener.

(Wolf macht eine halbe verlegene Verbeugung. Die Vase wird weggebracht.)

F l i t t e r s t e i n. Welch ein Tollsinn!

K l u g h e i m. Unbegreiflich!

D u m o n t. Der Mann sein gans verrückt.

Amalie. Wie kann er sich nur so vergessen!

Die Gäste (klatschen). Bravo! so rächt sich ein Millionär!

Flottwell. Dies soll unsere Freude nicht verderben. Da Frankreichs Kunst so schlechten Sieg errungen, will ich vor Ihrem Auge nun ein deutsches Bild entrollen, dessen Schönheit Sie gewiß nicht streitig machen werden. Sie sollen sehen, was ich für eine vortreffliche Aussicht habe. (Klatscht in die Hand.)

(Musik. – Der Vorhang schwindet, und über die ganze Breite des Theaters zeigt sich eine große breite Öffnung, durch deren Rahmen man eine herrliche Gegend perspektivisch gemalt erblickt. Ein liebliches Tal, hie und da mit Dörfern besäet, von einem Fluß durchströmt und in der Ferne von blauen Bergen begrenzt, erstrahlt im Abendrot. Die Basis des Rahmens bildet eine niedre Balustrade. Im Vordergrunde links von dem Zuschauer sitzt wie eine geheimnisvolle Erscheinung unter dunklem Gesträuch, von der untergehenden Sonne beleuchtet, der Bettler mit unbedecktem Haupte und gegen Himmel gewandtem Blick in malerischer Stellung. So daß das Ganze ein ergreifendes Bild bietet.)

Flottwell (ohne genau hinzusehen). Gibt es eine schönere Aussicht? (Er erschrickt, als er den Bettler sieht.) Ha! welch ein Bild. Ein sonderbarer Zufall! (Diese Worte spricht Flottwell schon unter der leise beginnenden Musik.)

Chor von Gästen (für welche sämtlich der Bettler nicht sichtbar ist).

> Oh, seht doch dieses schöne Tal,
> Wo prangt die Erd durch höhern Reiz?
> Dem Kenner bleibt hier keine Wahl,
> Der Anblick übertrifft die Schweiz.

Bettler. Nicht Sternenglanz, nicht Sonnenschein
> Kann eines Bettlers Aug erfreun.
> Der Reichtum ist ein treulos Gut,
> Das Glück flieht vor dem Übermut.

Flottwell (welcher immer nach dem Bilde hingestarrt hat, zu Wolf). Jagt doch den Bettler fort, warum laßt ihr ihn hier so nah beim Schloß verweilen?

(Der Bettler steht auf und geht an der Seite, wo er sitzt, über den Hügel durch das niedere Gesträuche in die Szene.)

52   2. Aufzug, 12. Auftritt

W o l f. Welch einen Bettler? Wir bemerken keinen.
F l o t t w e l l. Da geht er hin! *(Starrt ihm nach.)*
W o l f. Er spricht verwirrt.
            (Amalie wird unwohl.)
K l u g h e i m. Gott im Himmel! meine Tochter.
F l o t t w e l l. Amalie? Was ist ihr?
            (Alle Gäste in Bewegung.)
K l u g h e i m. Sie erbleicht!
F l o t t w e l l *(stürzt zu ihren Füßen)*. Amalie, teures Mäd-
    chen! höre deines Julius Stimme.
F l i t t e r s t e i n *(schleudert ihn entrüstet von ihr)*. Zurück,
    Verführer! nun entlarvst du dich!
F l o t t w e l l *(ergreift ergrimmt seine Hand)*. Genugtuung,
    mein Herr! Das geht zu weit.
F l i t t e r s t e i n. Ists gefällig? *(Zeigt nach dem Garten.)*
F l o t t w e l l. Folgen Sie!
            (Beide links ab.)
M e h r e r e G ä s t e. Haltet! *(Eilen nach.)*
K l u g h e i m. Holt den Arzt!
            (Bediente fort.)
W o l f. Ins Kabinett!
M e h r e r e. So endet dieses Fest.
(Die andere Hälfte gehen mit Klugheim und Wolf, welche
    Amalie nach dem Kabinett rechts führen, ab. Nur)
D u m o n t *(welcher sich während der Verwirrung an das*
    Fenster begeben hat und durch das Gewühl der Gäste ver-
    deckt war, bleibt zurück, er hat sich in der Mitte des
    Fensters in einen Stuhl geworfen, springt, wenn alles weg
    ist, auf, lehnt sich auf die Fensterbrüstung, sieht durch die
    Lorgnette und ruft begeistert). Göttliche Natur!

          ZWÖLFTER AUFTRITT

          Kurzes Kabinett fällt vor.
          Valentin und Rosa.

V a l e n t i n. So laß mich aus, ich muß ja sehen, was ge-
    schehen ist. Alles lauft davon, und die Fräulein Amalie,
    sagen s', ist umgefallen wie ein Stückel Holz. Sie hat Kon-
    fusionen kriegt.
R o s a. Da bleibst. *Mein* Schicksal ists, um das du dich zu

kümmern hast. *(Weint bitterlich.)* Ich bin die gekränkteste Person in diesem Haus.

V a l e n t i n. Was haben sie dir denn schon wieder getan?

R o s a. Aber nur Geduld! Morgen geh ich zu Gericht. Alles wird arretiert. Der gnädge Herr, der Kammerdiener: Alle Gäst, das ganze Schloß und du.

V a l e n t i n. Mich läßt s' nicht aus. Was hats denn gegeben?

R o s a. Ohrfeigen hätts bald gegeben.

V a l e n t i n. Ah, da bin ich froh, daß ich nicht dabei war.

R o s a. Der Kammerdiener hat mir Ohrfeigen angetragen. Hat mich eine Diebin geheißen, hat einen Schmuck von mir verlangt. Uns im Namen des gnädgen Herrn den Dienst aufgekündigt und hat mich wollen durch die Bedienten hinauswerfen lassen.

V a l e n t i n. Das ist ja eine ganze Weltgeschichte. Wann ist denn das alles geschehen?

R o s a. Vor einer Viertelstund, wie sie die Vasen im Saal oben geholt haben.

V a l e n t i n. Das ist schrecklich!

R o s a. Der Mensch glaubt ja, man hat seine Ehr und Reputation gestohlen.

V a l e n t i n. Und den Schmuck auch dazu. Nein! das kann man nicht so hingehn lassen.

R o s a. *Du* mußt dich annehmen. Ich bin ein Weib. Ich bin zu schwach.

V a l e n t i n. Auf alle Fäll. Du bist zu schwach.

R o s a. *Du* bist ein Mann, dir ist die Kraft gegeben.

V a l e n t i n. Freilich, mir ist die Kraft gegeben, drum werd ich mirs auch überlegen.

R o s a. Ich geh noch *heut,* und morgen *klag* ich.

V a l e n t i n. Und ich geh *morgen,* und klag *heut* noch! und wo? beim gnädgen Herrn, denn das ist eine Beschuldigung, die man nicht auf sich sitzenlassen darf!

R o s a *(weinend).* Nicht wahr, du glaubst es nicht, daß ich die Diamanten genommen hab.

V a l e n t i n. Nein! Du bist zu tugendhaft. Du gehst nur auf die Augen los, nicht auf die Diamanten. Doch jetzt mach dich auf.

R o s a. Wir packen zusamm und gehen.

V a l e n t i n. Die Livree bleibt da, die gehört dem Herrn.

Mir ghört mein Tischlerrock, den ich mit hergebracht hab. Die andere Bagage brauch ich nicht, ich bin mit dir allein zufrieden.

R o s a. Wir bringen uns schon fort.

V a l e n t i n. Ich geh zu meiner Tischlerei zurück. Aber vorher will ich mein Meisterstück noch machen.

R o s a. Was wirst denn tun?

V a l e n t i n. Den Kammerdiener werd ich in die Arbeit nehmen. Ah, *der* ist zu ungehobelt. Über den muß ein Tischler kommen.

R o s a. Nimm dich zusamm.

V a l e n t i n. Oh, du kennst mich nicht, ich bin der beste Mensch, aber wenn es sich um Ehr und Reputation handelt, so kann ich in eine Wut kommen wie der rollende Rasand[12]. Ich will dem Kammerdiener zeigen – *(Der Kellermeister eilt über die Bühne.)* He! Herr Kellermeister, wo gehn Sie hin?

K e l l e r m e i s t e r. Mir ist am großen Faß ein Reif abgesprungen, ich muß den Wein abziehen.

V a l e n t i n. Ha! Das ist ein Wink des Schicksals. Mann! Ich folge dir.

(Geht tragisch mit dem Kellermeister ab.)

R o s a *(allein)*. Ah Spektakel! Jetzt muß sich der ein Spitzel[13] antrinken, wenn er eine Courage kriegen will. Nein, was das für miserable Mannsbilder sein bei der jetzigen Zeit, das ist nimmermehr zum Aushalten. *(Ab.)*

‚ DREIZEHNTER AUFTRITT

VERWANDLUNG

Ein anderes Kabinett.

Amalie. Der Arzt. Präsident Klugheim.

A r z t. Fühlen Sie sich leichter, Fräulein?

K l u g h e i m. Wie ist dir, liebes Kind?

A m a l i e. Ganz wohl, mein Vater! es ist schon vorüber.

K l u g h e i m. Ein Unstern hat uns in dies Haus geführt.

---

12. Wortverdrehung aus „rasender Roland".   13. Rausch.

VIERZEHNTER AUFTRITT

Vorige. Betti.

Betti. Zu Hülfe! Ach Herr Doktor, der Baron ist schwer verwundet. Man suchet Sie!

Klugheim. Heilger Gott, mein Freund! Bleib Sie bei meiner Tochter hier! Kommen Sie, Herr Doktor! Ach, ich bin an allem schuld.

(Eilt mit dem Doktor ab.)

Amalie. Was ist vorgegangen?

Betti. Sie haben duelliert! der gnädge Herr und der Baron.

Amalie. Ist Julius auch verwundet?

(Flottwell tritt aus einer Tapetentür. Er ist bleich und spricht halblaut und schnell.)

Flottwell. Nein, er ist es nicht. *(Zu Betti.)* Geh auf die Lauer!

(Betti geht vor die Tür.)

Amalie. Gott, wie siehst du aus!

Flottwell. Wie ein Mann, der seinem Schicksal trotzt. Doch noch ist nicht mein Glück von mir gewichen, weil ich dich nur sprechen kann. Jede Minute droht. Du mußt mit mir noch diese Nacht entfliehn.

Amalie. Unmöglich, nein! ich kann den Vater nicht verlassen.

Flottwell. Du hasts geschworen. Denk an deinen Eid.

Amalie. Doch heute, und so plötzlich –

Flottwell. Heute oder nie! Schon lang ist deine Dienerschaft von mir gewonnen. Nimm Laura mit und nichts von deinem Eigentum. Dein Vater ist erschöpft, er wird sich bald zur Ruhe legen, und wenn auch nicht, verbotne Liebe ist erfinderisch. Ich harr auf dich, nah an der Stadt, bei der verfallenen Kapelle, wo wir uns oft getroffen haben.

Amalie. Wird sich mein Vater je versöhnen?

Flottwell. Er wirds. Das weite Meer, das seiner Rache trotzt, wird seinem Stolz gebieten. Entschließe dich.

Amalie. Oh, könnt ich leben ohne dich –

Flottwell. Wenn dus nicht kannst, so sind wir ja schon einig.

Amalie. Und doch –

F l o t t w e l l. Ja! oder Nein! Nein! ist ein Dolch, den du
ins Herz mir drückst. Ja! eine Sonn, die uns nach England leuchtet.

A m a l i e. Nur eine Frage noch! *(Betti schnell.)*

B e t t i. Der Präsident!

F l o t t w e l l. Sprich schnell!

A m a l i e. Erwarte mich.

FÜNFZEHNTER AUFTRITT

Präsident Klugheim. Vorige.

K l u g h e i m *(empört, strenge)*. Was wollen Sie bei meiner
Tochter hier?

F l o t t w e l l. Ich war besorgt.

K l u g h e i m *(nimmt Amalie auf die linke Seite. Kummervoll)*. Sie sind zu gütig gegen mein Haus. Komm, meine
Tochter, der Wagen wartet, dann geleit ich den Baron.
Mein Herr! Sie haben uns zu einem Fest geladen, *(mit
Wehmut)* und wir danken Ihnen mit gebrochenem Herzen
für die großen Freuden, die Sie uns bereitet haben. *(Führt
seine Tochter ab.)*

(Betti folgt.)

F l o t t w e l l *(allein)*. O Starrsinn eines alten Mannes!
Was rufst du doch für Unglück auf so vieler Menschen
Haupt. *(Wolf tritt ein.)* Ha Wolf! Gut, daß du kommst.
Der Augenblick ist da, wo du mirs danken kannst, daß
ich dir mehr ein Freund als Herr gewesen bin. Ich will in
dieser Nacht noch mit Amalien nach England fliehen. Es
steht dir frei, ob du uns auf der Flucht begleiten willst.

W o l f. O mein gütger Herr! Mein Wille ist an Ihren
Wunsch gekettet. Und wo Sie hinziehn, find ich meine
Heimat.

F l o t t w e l l. Ich habe große Summen in der englischen
Bank liegen. Was ich von Gold und Kostbarkeiten retten
kann, will ich jetzt zu mir nehmen. Was ich in meinem
Pulte zurück noch lasse, verteilst du unter meine Diener —
doch ohne etwas zu verraten. Ich wünsche, daß sie einen
Herrn finden mögen, der es so gut mit ihnen meint als
ich. Die beiden Schiffer an dem See, die ich auf diesen Fall

2. Aufzug, 16. Auftritt 57

seit längerer Zeit gedungen habe, sollen sich bereit halten. In einer Stunde längstens muß alles geordnet sein. Dann erwart ich dich bei der alten Kapelle. Dein Geschenk bring in Sicherheit, sein Wert ist dir bekannt. Sei vorsichtig. Ich baue ganz auf deine Treue. (Ab.)

SECHZEHNTER AUFTRITT

Wolf.

W o l f (allein). Du schiffst nach England. Günstgen Wind! Ich bleibe hier und will mein Schifflein in den Hafen lenken. Wie doch die Sonne auf und nieder geht! Wer ist nun zu beneiden? Er? der stolze, der gepriesene Mäzen, der seines Glückes Reste, mit zerfallenem Gemüt, dem ungetreuen Meer vertrauen muß? oder ich, der sanfte, der bescheidene Kammerdiener, der sein still erworbnes Schäfchen demütig ins trockne bringen kann. Und wem verdank ich diesen Sieg? (schlägt sich an die Stirn) dir, Klugheit! vielseitigste der Göttinnen! Die Natur hat mir nur eine starke Gallenblase gegeben, die nicht zerplatzt ist bei all dem Unsinn, den ich seit fünf Jahren in diesem Haus hab sehen müssen. Aber die Klugheit hat mich lächeln gelehrt. Oh, es ist eine große Sache um das Lächeln! Wie viele Menschen haben sich ihr Glück erlächelt, und ein Schwachkopf kann keine Minute lang für einen vernünftigen Mann gelten, wenn er mit Anstand zu lächeln weiß. Darum will ich lächeln über die Erbärmlichkeit, solang ich noch zu leben habe, und dann eine laute Lache aufschlagen – auf welche Grabesstille folgt. (Ab.)

(Als er schon in der Kulisse ist, drängt ihn Valentin zurück. Er hat seinen Tischlerkaputrock[14] an und einen wachsleinwandenen Hut auf. Ein Parapluie und einen Spazierstock zusammengebunden unter dem Arm und ein kleines Felleisen auf dem Rücken, aus dem Sack steht ihm das kurze Tabakrohr seiner eingesteckten Pfeife. Er ist benebelt, ohne zu wanken oder zu lallen.)

V a l e n t i n. Halt! Barbar, wo willst du hin? Du kommst nicht von der Stell. Wie kannst du dich unterstehen, meine

14. Kaput = langer Überrock.

Geliebte zu verleumden? Was hat sie dir getan? Sie hat deine Liebesanträge nicht angenommen, weil du ihr zu häßlich bist. Kann es eine größere Tugend geben? Sie ist meine Verlobte, und du hast geglaubt, ich bin der Gfoppte! Sie soll einen Schmuck gestohlen haben. Diese schmucklose Person? Pfui, schäme dich!

W o l f. Jetzt hast du die höchste Zeit, aus dem Hause zu gehen, du Trunkenbold!

V a l e n t i n. Oh, ich hab Zeit genug! Ich hab eigentlich gar nichts mehr zu tun auf dieser Welt, als Ihnen meine Meinung zu sagen. Glauben Sie mir, Herr von Kammerdiener – ich will Ihnen nichts Unangenehmes sagen, ich versichre Sie, Sie sind ein niederträchtiger Mensch. Sie haben zwei arme Dienstboten aus dem Haus gebracht, die von ihrer Herrschaft treu und redlich bedient worden sind. *(Schluchzt.)* Aber der Himmel wird Sie dafür bestrafen.

SIEBZEHNTER AUFTRITT

Vorige. Rosa, auch zum Fortwandern gerüstet, mit einigen Bündeln, einem Sonnenschirm.

R o s a. Was tust denn, Valentin? So laß ihn gehn. Ich hab ja ghört, du bist betrunken?

V a l e n t i n. Wer hat dir das entdeckt? Ha! ich bin verraten.

W o l f. Jetzt packt euch! Beide.

V a l e n t i n. Sollen wir uns selber packen? Nein! wir packen ihn.

R o s a. Schäm dich doch!

W o l f. He Bediente! *(Bediente kommen.)* Jagt dieses Lumpenpack hier aus dem Haus. Ich befehl es euch im Namen unsres gnädigen Herrn. *(Geht ab.)*

V a l e n t i n *(geht auf einen Bedienten los, welcher mit dem Kammerdiener Ähnlichkeit in der Kleidung haben muß).* Was? hinauswerfen willst du uns lassen? du schändlicher Verräter!

R o s a. Was treibst denn da?

V a l e n t i n. Laß mich gehn. Der Kammerdiener hier muß unter meinen Händen sterben.

R o s a. Es ist ja nicht der Kammerdiener!

2. Aufzug, 17. Auftritt

Valentin. Nicht? das macht nichts. Es wird schon ein
anderer Spitzbub sein.
(Bediente lachen.)
Rosa *(will ihn fortziehn).* So geh doch nur!
Valentin. Er soll sich nicht für den Kammerdiener aus-
geben. Dieser Mensch, der in die Kammer gar nicht hin-
ein darf.
Bediente. Jetzt fort! wir haben mehr zu tun.
Chor.   Fort, nur fort! Packt euch hinaus!
        Ihr gehört nicht in dies Haus!
        Denn das heißt man zu viel wagen,
        So gemein sich zu betragen,
            So zu trinken
            Bis zum Sinken.
            Fort hinaus
            Aus dem Haus!
Rosa.   Daß ein wenig Saft der Trauben,
        Einen Menschen, sanft wie Tauben,
        Des Verstandes kann berauben,
        Um ihn so hinaufzuschrauben,
        Daß er 'n Hut nicht von der Hauben
        Kann mehr auseinanderklauben,
        Das ist stark doch, wenn S' erlauben.
Valentin. Glaubt mir doch, ihr lieben Leutel,
        Auf der Welt ist alles eitel,
        Denn kaum trinkt man vierzehn Seidel,
        Hat man schon kein Geld im Beutel,
        Schnappt vom Fuß bis zu dem Scheitel
        Zsamm als wie ein Taschenfeitel[15],
        Alles eitel. Noch ein Seidel!
Chor.   Ei, was nützt denn dieses Gaffen,
        Fort mit euch, ihr dummen Laffen!
Rosa.   Geh und leg dich lieber schlafen!
Valentin. Ich hab einen schönen Affen.
Chor.   Macht uns nicht so viel zu schaffen,
        Ihr müßt euch zusammenraffen,
        Denn das wird uns schon zu kraus,
        Fort mit euch zum Schloß hinaus!
        (Führen sie hinaus.)

---

15. Kunstloses einkliniges Messer.

60   *2. Aufzug, 18. Auftritt*

ACHTZEHNTER AUFTRITT

VERWANDLUNG

Musik. Das Innere einer ganz verfallenen gotischen Kapelle.
Es stehen nur die Mauern noch. Der Mond leuchtet am be-
wölkten Himmel, und sein Licht strahlt gerade durch das
Eingangstor, so daß der Bettler, wenn er die letzte Rede
spricht, von ihm beleuchtet wird.

Der Bettler sitzt an der Ecke der Hinterwand im Dunklen
auf einem niedern Stein.
Flottwell, in einen Radmantel gehüllt, tritt ein.

F l o t t w e l l. Die Nacht ist kühl. Auch zieht in Westen
   ein Gewitter auf. Wenn es nur bald vorübergeht! Was
   rauscht? Bin ich hier nicht allein? Wer kauert in der Ecke
   dort? Hervor!
D e r B e t t l e r *(steht auf)*. Ich bins, mein gnädger Herr,
   und habe Sie schon lang erwartet.
F l o t t w e l l. Was tritt mir dieser Bettler heut zum dritten-
   mal entgegen? *(Der Bettler tut einen Schritt vor, nun be-*
   scheint ihn der Mond.) Ha! wie der Mond sein Antlitz
   graß beleuchtet. Was willst du hier von mir, du grauen-
   haftes Bild des selbstgeschaffnen Jammers?
B e t t l e r *(kniet)*. Ach, das verzweiflungsvolle Los meines
   geheimnisvollen Elends und meine Herzensangst, daß Sie
   dies Land verlassen, zwingen mich, den morschen Leib
   aufs neue in den Staub zu werfen. Sie sind der einzige in
   dieser unbarmherzgen Welt, auf dessen Großmut ich noch
   bauen kann.
F l o t t w e l l. Hinweg von mir! je länger ich dich schaue,
   je greulicher kommt mir dein Anblick vor. Dring ihn nicht
   auf, ich will dich nie mehr sehen.
B e t t l e r. Es steht bei Ihnen, gnädger Herr, mich gänzlich
   zu verscheuhen. Doch müßten Sie dafür ein großes Opfer
   bringen. Oh, geben Sie die Hälfte dieses Schatzes nur, den
   Sie auf Ihrer Brust verbergen, und niemals hören Sie mich
   mehr zu Ihren Füßen wimmern.
F l o t t w e l l. Habgieriges Gespenst! Hat Satan dich ver-
   flucht, daß du der Erde Gold sollst nach der Hölle schlep-
   pen? So ein frech Begehren kann ja Wahnsinn kaum er-
   finden. Ein Bettler, der um Millionen flehet!

2. Aufzug, 18. Auftritt   61

B e t t l e r. Vernünftger ists, sie zu begehren, als sie wie du
vergeuden.
F l o t t w e l l. Wie wagst dus, mich zur Rechenschaft zu
ziehen? Du undankbarer Molch, den ich so reich beschenkt!
B e t t l e r. Nie wird ein Bettler müd, den Reichen zu beneiden.
F l o t t w e l l. Wie Hundgeklaffe bei des Diebs Erscheinen
schallt sein Gebelfer durch die Nacht!
B e t t l e r *(gegen den Eingang rufend)*. Oh, hör es, Welt!
Oh, hört es, Menschen alle! Der überreiche Mann läßt
einen Bettler darben.
F l o t t w e l l *(halblaut)*. Dies gräßliche Geschrei wird mich
am End verraten. Schweig doch und nimm dies Gold, um
deine Gier zu stillen. *(Er wirft ihm einen Beutel hin.)*
              (Ferner Donner.)
B e t t l e r *(hebt ihn auf. Laut jammernd)*. Zu wenig ists für
mich, mein Elend ist zu groß. Ich laß nicht ab, der Welt
mein Leid zu klagen *(zwischen dem Eingang)* und ruf die
Menschheit zwischen uns zum Richter auf.
F l o t t w e l l. Verstummst du nicht durch Gold, so mach
dich Stahl verstummen. Schweig! oder ich durchbohre dich!
(Er zieht den Degen und durchsticht ihn.)
B e t t l e r *(bleibt stehen)*. Mörder! Dein Wüten ist umsonst!
Du hast mich nicht verwundet. Was ich begehrt, kann mich
versöhnen nur. *(Nochmal bittend.)* Oh, möchtest du doch
jetzt in meine Bitte willgen.
F l o t t w e l l *(hartnäckig)*. Du willst mich zwingen? Nie!
B e t t l e r *(halblaut rufend)*. So flieh, Verschwender, flieh!
Doch mir entfliehst du nicht, und an der Themse sehen
wir uns wieder! *(Ab.)*
*(Der Mond verbirgt sich hinter den Wolken. Man hört den
              Wind brausen. Blitze leuchten.)*
F l o t t w e l l. Als ich ihm dort im Mondlicht in das bleiche
Antlitz starrte, ergriff es mich, als säh ich meines Vaters
Geist. Die Nacht wird stürmisch. Ha! Ein Schatten fliegt
daher!

NEUNZEHNTER AUFTRITT

Voriger. Amalie, in einen Mantel gehüllt, den Kopf mit einem Männerhut bedeckt, tritt atemlos ein.

Flottwell. Bist du es, Wolf?

Amalie *(stürzt erschöpft in seine Arme)*. Nein, ich bin es, mein Julius!

Flottwell *(entzückt)*. Amalie! Teures Mädchen! Kommst du so allein?

Amalie. Ich konnte keine meiner Dienerinnen bewegen, das ungewisse Los mit der Gebieterin zu teilen. Mein Vater wacht bei dem Baron. Drum laß uns schnell entfliehen, wenn er nach Hause kommt, so wird er mich zu sprechen wünschen.

Flottwell. Es tut mir weh, den treuen Wolf zurückzulassen. Doch drängt uns die Gefahr. Wenn wir nur das Gewitter nicht zu fürchten hätten!

(Donner. Beide ab.)

ZWANZIGSTER AUFTRITT

VERWANDLUNG

Das Gestade des Sees. Auf einem Felsen eine Schifferhütte.

Max und Thomas, zwei Schiffer, ziehen einen Kahn mit einem Segel ans Ufer. Die Wellen des Sees gehen hoch. Es ist nicht gänzlich finster, sondern falbes Licht.

Thomas *(steht auf dem Fels und zieht das Schiff)*. Max, zieh das Segel ein, der Wind zerreißt es sonst.

Max *(tut es)*. Das Hundewetter hat auch kommen müssen, um armer Leut Verdienst zu schmälern.

Thomas. Wenn man am Morgen gleich ein altes Weib erblickt, die brummt, da führt der Henker stets ein Wetter her.

Max. Fluch nur nicht so, sonst geht die See noch immer höher.

2. Aufzug, 21. Auftritt   63

EINUNDZWANZIGSTER AUFTRITT

Vorige. Flottwell. Amalie.

F l o t t w e l l. Ha, seid Ihr da? Nun laßt uns schnell von hinnen!

T h o m a s. Was fällt Euch ein, wer wird in solchem Wetter fahren!

F l o t t w e l l. Wir müssen fort. Ich hab euch ja gedungen!

M a x. Zum Überschiffen. Ja! Allein was zahlt Ihr uns denn fürs Ertrinken?

T h o m a s. Der Sturm schmeißt uns den leichten Kahn ja zehnmal um.

M a x. Wir segeln nicht!

F l o t t w e l l *(verzweiflungsvoll).* Ihr müßt.

T h o m a s, M a x. Wir wollen nicht!

A m a l i e *(für sich).* O Gott, du strafst mich schon in dieser Stunde.

F l o t t w e l l. Ich brenn dir diese Kugel durch den Kopf. *(Hält ihm ein Terzerol vor.)*

T h o m a s *(schlägt ihm das Pistol mit dem Ruder aus der Hand).* Laßt doch das dumme Zeug. Das Wetter wird schon knallen lassen.

M a x. Da müßt Ihr uns auf andre Weise zwingen.

F l o t t w e l l. Wohlan, ich gebe euch zweihundert Louisdor, wenn wir den See im Rücken haben.

T h o m a s. Das ist ein Wort! *(Zu Max.)* Willst du dein Leben wagen?

M a x. Warum nicht? Wenn ich hin bin, bin ichs nicht allein. *(Schlägt ein.)*

T h o m a s *(schlägt in Flottwells Hand).* Potz Sturm und Klippen denn, es gilt. Doch hört, daß uns das Frauenzimmer da nicht etwa schreit. Die See ist wie mein böses Weib, wenn man sich fürchtet, treibt sies immer ärger, doch schlägt man mit dem Ruder tüchtig sie aufs Maul, da gibt sie nach. Nun kommt!

F l o t t w e l l. Nun auf gut Glück!

(Sie gehen alle vier nach dem Schiff. Musik beginnt. Nach einigem Herumwerfen des Kahns steuern sie fort. Das Gewitter wütet. Es schlägt ein. Dies drückt die Musik aus. Seemöven fliegen über die Bühne. Doch plötzlich läßt der Sturm nach, die Wogen gehen niedrer. Der Mond wird zur Hälfte

2. Aufzug, 21. Auftritt

*zwischen den Wolken sichtbar und wirft seinen Schein auf
den Bettler, welcher auf einem kleinen kaum bemerkbaren
Kahn mit einem vom Sturme zerrissenen Segel gebeugt sit-
zend sachte vorüberfährt. Die Musik spielt die Melodie seines
Bettlerliedes. Wenn er fort ist, vermehrt sich der Sturm, und
die Kortine fällt.)*

DRITTER AUFZUG

Zwanzig Jahre später

ERSTER AUFTRITT

Flottwells Schloß, wie zu Anfang des zweiten Aktes, nur das Stammschloß in der Ferne ist zur Ruine verfallen.

Flottwell, ganz aussehend wie der Bettler, sitzt beim Aufgeben der Kortine an demselben Platz, wo der Bettler saß. Wenn die Eingangsmusik, welche bei Eröffnung der Bühne noch mehrere Takte fortdauert, geendet ist, steht er auf.

Flottwell. So seh ich dich nach zwanzig Jahren wieder, du stolzer Freudentempel meines sommerlichen Lebens. Du stehst so ernst und sinnend da, gleich einem Monument ins Grab gesunkener Glückseligkeit. Die alte Fröhlichkeit scheint auch aus dir gewichen. Einst schallte Jubel aus den Fenstern dieses Marmorsaales. Silberne Würfel kollerten noch auf den grünen Tisch. Berauschte Spieler stürzten auf mein Wohl die goldnen Becher aus, und übermütge Freude schwang die riesgen Flügel. Nun ist es stumm und still geworden. Der Morgen hat schon lang sein frohes Lied gesungen, und jene Pforte ist noch immer fest verschlossen. Oder blickst du nur in diesem Augenblick so ernst, weil dein Begründer *so* dich wieder grüßt? Seit ich dich nicht gesehen, hat sich mein Schicksal sehr geändert. Ich habe Gattin, Kind und all mein Gut durch eigne Schuld verloren. Verfolgung hab ich hier wohl nimmermehr zu fürchten, denn Flitterstein, mein größter Feind, ist in der Schlacht gefallen. Doch wo soll ich in dieser Lage nun um Beistand flehen? Der edle Präsident – er hat uns ja vor seinem Tode noch verziehn – ist lang hinüber. An einige Freunde hab ich schon geschrieben, doch niemand will den armen Julius mehr kennen. Drum will ich nach Bettlerweise einem Fremden mich vertrauen. Will dem Besitzer dieses Schlosses sagen, daß ich der erste war, dessen Aug mit Herrenblick in diesem holden Eigentum geschwelgt, und daß ich nun nichts mein zu nennen hab als diesen Bettelstab. Vielleicht, daß ihn die Größe meines Unglücks rührt. Hier kommt der Gärtner auf mich zu! den will ich doch befragen.

ZWEITER AUFTRITT

Voriger. Gärtner mit einer Gießkanne, er ist phlegmatisch und etwas roh.

F l o t t w e l l. Guten Morgen!

G ä r t n e r *(sieht ihn verdächtig an).* Guten Morgen. *(Für sich.)* Muß doch den großen Hund von der Kette loslassen, weil gar so viel Gesindel immer kommt.

F l o t t w e l l. Mein lieber Freund, wollt Ihr so gut sein, mir zu sagen, wie Euer gnädger Herr wohl heißt und wie lang er dieses Schloß besitzt?

G ä r t n e r. Ihr wollt ihn wohl um etwas bitten?

F l o t t w e l l. Ich wünsche ihn zu sprechen.

G ä r t n e r *(für sich).* Scheint doch nicht, daß er etwas stehlen will. *(Laut.)* Es mag jetzt ohngefähr zwölf Jahre sein. *(Rechnet nach.)* Der Flottwell hats gebaut, der wischt nach England durch. Da kaufts ein Graf, der starb, und dann nahms unser Herr, und der wirds wohl auch bis an seinen Tod behalten.

F l o t t w e l l. Seid Ihr schon lang in seinem Dienst?

G ä r t n e r. Ziemlich lang, aber gestern hat er mich persönlich abgedankt –

F l o t t w e l l. Wie tituliert man ihn?

G ä r t n e r *(unbedeutend).* Herr von Wolf –

F l o t t w e l l. Von Wolf? Von der Familie hab ich nie gehört.

G ä r t n e r. Ja mit der Familie ists auch nicht weit her. Er war des Flottwells Kammerdiener.

F l o t t w e l l *(rasch).* Mein Kammerdiener? *(Faßt sich.)* Nicht doch –

G ä r t n e r *(macht große Augen).* Was fällt Euch ein? *(Für sich.)* Der Mann muß nicht in Ordnung sein? *(Deutet aufs Hirn.)* Jetzt will der Lump gar einen Kammerdiener haben. *(Laut.)* Bei Flottwell, sagt ich, der in Amerika gestorben ist.

3. Aufzug, 3. Auftritt 67

F l o t t w e l l. Da hat Euer Herr vermutlich eine sehr große
Erbschaft gemacht?

G ä r t n e r. Nichts hat er gemacht! Den Flottwell hat er
tüchtig übers Ohr gehauen. Da kommt sein Reichtum her.
Der war so dumm und hat ihn noch dafür beschenkt. Hat
ihn gehätschelt, und Unserer hat ihn dann brav ausgelacht
und sagt ihm noch im Tod nichts Gutes nach. So gehts den
jungen Herrn, die nur vertun und nichts verdienen können. Da hängen sie den Schmeichlern alles an, die andern
Leute sind nicht ihresgleichen, und wenn sie in die Not
dann kommen, lacht sie alles aus. *(Gibt ihm Tabak.)* Wollt
Ihr eine Prise nehmen?

F l o t t w e l l. Ich danke! *(Nach einigem Nachdenken.)* Ich
will ihn dennoch sprechen!

G ä r t n e r. Nun wenn Ihr ihn in guter Laune findet, vielleicht schenkt er Euch etwas. *(Greift in den Sack.)* Ich will
Euch auch auf ein Glas Branntwein geben.

F l o t t w e l l *(spöttisch)*. Ihr seid zu gut. Ich bin Euch sehr
verbunden.

G ä r t n e r. Ei, seht einmal! Wenn man ein armer Teufel ist,
da muß man jeden Groschen nehmen. Doch Ihr werdet
wohl am besten wissen, wie Ihr mit Eurer Kassa steht.

F l o t t w e l l. Ich dank Euch sehr für Euren Unterricht.
Mich wundert aber, daß Ihr das so alles ungescheut von
Eurem Herrn erzählt.

G ä r t n e r. Früher hätt ich nichts gesagt. Jetzt geh ich aber
so in einigen Tagen fort. Da liegt mir nichts mehr dran!

F l o t t w e l l. Sagt mir nur eins noch: Ist Herr von Wolf
im Besitze dieses ungerechten Gutes glücklich?

(Das Tor öffnet sich.)

G ä r t n e r. Ob der wohl glücklich ist? Da schaut ihn an und
überzeugt Euch selbst.

DRITTER AUFTRITT

*Vorige. Wolf. Er ist sehr gealtert, sieht sehr krank aus, ist in
Pelz gekleidet und geht an einem Stock. Drei Bediente mit ihm.*

F l o t t w e l l *(fährt zurück)*. Himmel! ich hätt ihn nicht
erkannt.

W o l f *(sein Betragen ist sehr düster und sinnend)*. Ich habe eine üble Nacht gehabt. Die Sonne kommt mir heut so trübe vor.

G ä r t n e r. Gnädger Herr! Es will ein armer Mann Sie sprechen.

F l o t t w e l l. Du lügst. Ich bins nicht mehr. *(Für sich.)* In solcher Nähe macht mich mein Bewußtsein *reich.*

W o l f. Er kann nicht ärmer sein als *ich.* Wo ist er?

F l o t t w e l l *(tritt vor).* Flottwell nennt er sich.

W o l f *(fährt zusammen).* Flottwell? *(Fühlt in die Seite.)* Das hat mir einen Stich gegeben. Die böse Gicht ist doch noch unbarmherziger, als es die Menschen sind. *(Für sich.)* Er lebt noch. Und kommt so zurück? So straft der Himmel seine Sünder.

G ä r t n e r. Das ist der reiche Flottwell? Gute Nacht, da will ich lieber Gärtner sein. *(Geht ab.)*

W o l f. Herr von Flottwell, ich fühle mich sehr geehrt, daß Sie sich Ihres alten Dieners noch erinnern, und bedauere nur, daß meine Krankheit, die mich schon seit vielen Jahren quält, mir nicht erlaubt, meine Freude über Ihre Ankunft so glanzvoll an den Tag zu legen, als Sie von mir es fordern könnten.

F l o t t w e l l. Ich habe nichts zu fordern, gar nichts mehr. Was ich mit Recht zu fordern hatte, ist mir durch einen Höhern *(blickt gegen Himmel)* schon geworden. Ich wollte nur den Besitzer meines Schlosses sehen.

W o l f *(lächelnd).* Ja, es ist ein ganz besondrer Zufall. Ich habe dadurch eine wahre Anhänglichkeit an Ihr Haus bewiesen. Der Himmel hat mich mit Gewinn gesegnet, aber ich habe jetzt große Verluste erlitten. Verzeihen Sie, der Arzt erlaubt mir nicht, so viel zu sprechen; ich weiß die Ehre Ihres Besuches sehr zu schätzen. *(Zu den Bedienten.)* Geleitet mich zu jener Aussicht hin. Doch nein! Ins Schloß zurück. Auch das nicht. Nach dem Garten. Der Garten ist so schön. Nur schade, daß die Rosen schon verwelken. *(Wird nachdenkend.)* Wie oft werd ich sie wohl noch blühen sehen? *(Schauert.)* Heut ist ein kalter Tag.

F l o t t w e l l. Mir scheint die Sonne warm.

W o l f. Mich friert. Geht doch hinab ins Dorf und ruft den frommen Mann, den ich so gern jetzt um mich habe. Daß er mir ein moralisches Buch vorliest. Ich hör so gern moralsche Bücher lesen. Die Welt ist gar so schlecht, und man

3. Aufzug, 4. Auftritt 69

kann seinen Trost nur in der Zukunft suchen. *(Schleicht in den Garten.)*

(Die Bedienten folgen ihm.)

F l o t t w e l l *(zu dem letzten der Diener).* Der Herr ist schwer erkrankt! Ist er geliebt? Wünscht man ihm langes Leben?

D i e n e r *(schüttelt den Kopf und sagt gleichgiltig).* Er ist ein geiziger Filz, den niemand leiden kann, und in einigen Wochen wirds wohl mit ihm zu Ende gehn. Adieu! *(Folgt den andern in den Garten nach.)*

F l o t t w e l l *(sieht gegen Himmel und schlägt die Hände zusammen).* O Flottwells Schloß, was beherbergst du für Menschen jetzt! Was soll ich nun beginnen? Die wenigen Taler, die ich noch besaß, hab ich auf meiner mondenlangen Wanderung verzehrt. Ich hab gespart und trocknes Brot gegessen, und doch besitze ich nicht einen Pfennig mehr. Dort mein altes Schloß! *(Sieht nach der Ruine in der Ferne.)* Es ist zum Sinnbild meines jetzgen Glücks zusammgestürzt. *(Er bleibt mit verschränkten Armen nachdenkend stehen.)*

VIERTER AUFTRITT

Voriger. Valentin, in bürgerlicher Tracht als Tischlermeister, einen Hobel im Sack, kommt trillernd. Er hat schon dunkelgraues Haar.

V a l e n t i n. Wenn ein Tischler früh aufsteht,

          Tralalala –

          (Sieht Flottwell.)

Schau, schau, da ist ein armer Mann. Ich muß ihm doch was schenken. *(Er nimmt einen Groschen aus dem Sack und will ihn Flottwell reichen, doch stutzt er, als er ihn erblickt.)* He Alter! *(Flottwell kehrt sich gegen ihn.)* Was ist – Ich weiß nicht, dieses Gsicht – das Gsicht ist mir bekannt – Jetzt trau i ihm fast den Groschen gar nicht zu geben –

F l o t t w e l l. Was wollt Ihr denn?

V a l e n t i n *(noch gereizter).* Die Stimm – das wird doch nicht? *(Er zittert.)* Sie, hören S' – das wär entsetzlich – Bitt um Verzeihung! Sie, kennen Sie das Schloß?

70   3. Aufzug, 4. Auftritt

F l o t t w e l l *(gerührt)*. Ob ich es kenne, Freund? Es war
ja einst mein Eigentum!
V a l e n t i n *(schreit rasch)*. Mein gnädger Herr! *(Eine Mi-
schung von Freude, Wehmut und Erstaunen macht ihn er-
zittern, er weiß sich nicht zu fassen. Ruft noch einmal.)*
Mein gnädger Herr! *(Die Tränen treten ihm in die Augen,
er küßt ihm stumm die Hand.)*
F l o t t w e l l. Wer bist du, Freund?
V a l e n t i n. Der Valentin. Kennen mich Euer Gnaden denn
nimmermehr? Der Tischlergsell, der einmal bei Ihnen ge-
arbeitet hat und den Sie als Bedienten aufgenommen haben, weil er Ihnen so gut gfallen hat.
F l o t t w e l l *(gutmütig)*. Valentin? der gute ehrliche Valentin. Und du erinnerst dich noch meiner?
V a l e n t i n. Ob ich mich erinnere? O Gott! Euer Gnaden
waren ja so gut mit mir und haben mir ja so viel geschenkt. *Einen* Dukaten hab ich mir noch aufgehoben,
(gutmütig) aber die andern hab ich alle ausgegeben.
F l o t t w e l l. Und geht es dir gut?
V a l e n t i n. Nu mein! Wies halt einen armen Tischler gehn
kann. Auf dem Land ist ja nicht viel zu machen. Ich bin
zufrieden.
F l o t t w e l l. Dann bist du glücklich!
V a l e n t i n. Nu, man nimmts halt mit, solang als Gott will.
Aber Euer Gnaden scheinen mir gar nicht zufrieden zu
sein.
F l o t t w e l l. Nicht wahr, ich hab mich sehr geändert?
V a l e n t i n *(verlegen)*. Ah nein! nein! Euer Gnaden schauen
gut aus – gut – recht gut. A bissel strapaziert, aber – *(Beiseite.)* Das kann man ja einen solchen Herrn nicht sagen.
F l o t t w e l l. Mein guter Valentin, nun kann ich dich nicht
mehr beschenken.
V a l e n t i n. Beschenken? Euer Gnaden werden mich doch
jetzt nicht mehr beschenken wollen. Da müßt ich Euer
Gnaden richtig völlige Grobheiten antun. *(Faßt sich.)* Bitt
um Verzeihung! Ich red manchmal, als wenn ich Hobelschatten[16] im Kopf hätt. Seit ich wieder Tischler bin, hab
ich mein ganze Politur verloren.
F l o t t w e l l *(für sich)*. Soll ich mich ihm entdecken?

16. Hobelspäne.

3. Aufzug, 4. Auftritt   71

Valentin *(für sich)*. Ich trau mir ihn gar nicht zu fragen. Mir scheint, er ist voll Hunger.

Flottwell. Gehst du nach Hause?

Valentin. Nein! Ich soll im Wirtshaus drüben die Tür zusammnageln, weil s' gestern einen hinausgeworfen haben, und da ist er ihnen a bissel angekommen an die Tür, und da hat s' einen Sprung kriegt. Und dann hab ich der Schulmeisterin eine neue Linier[17] machen müssen. Sie hat s' an ihren Mann abgeschlagen, weil sie ihn manchmal liniert.

Flottwell *(kämpft mit sich, seufzt, greift sich an die Stirne und sagt dann).* Nun so leb wohl! *(Will gehn.)*

Valentin *(hält ihn auf).* Wo wollen denn Euer Gnaden hin? Euer Gnaden werden mir doch nicht wieder davonlaufen? Jetzt hab ich ja erst die Ehr gehabt zu sehen. *(Beiseite.)* Wann ich nur wüßte, wie ich das Ding anstellen soll?

Flottwell *(seufzt).* Was willst du denn noch?

Valentin. Euer Gnaden verzeihen – Aber – Sagen mir Euer Gnaden aufrichtig: Sein Euer Gnaden heut schon eingeladen?

Flottwell *(lächelt).* Nein, lieber Mann!

Valentin. Dürft ich wohl so frei sein und dürft mir die Ehr ausbitten, auf eine alte Hausmannskost?

Flottwell *(gerührt).* Ich danke dir. Rechtschaffener Mensch! Ich komme.

Valentin. Nichts kommen. Ah beleib. Ich laß Euer Gnaden nimmer aus. Die sollen sich ihre Tür selbst zusammennageln. Ich muß mit meinen gnädigen Herrn nach Haus gehn jetzt.

Flottwell. So komm!

Valentin. Aber das sag ich gleich, so gehts bei mir nicht zu, wies einmal bei uns da *(aufs Schloß deutend)* zugegangen ist – Ah – *(Schlagt sich aufs Maul.)* Schon wieder so ein Hobelschattendiskurs.

Flottwell. Ich werde mit allem zufrieden sein.

Valentin. Nichts! Nein! Wird nicht so schlecht ausfallen, ich koch ja selbst. Ah, wir werden uns schon zusammnehmen, ich und meine Alte. Wird sich schon wo ein übertragens Geflügelwerg finden. Solang der Valentin was hat,

---

17. Lineal.

werden Euer Gnaden nicht zugrund gehen. Jetzt werden wir unsern Einzug halten. Ah, so kanns nicht ablaufen. Euer Gnaden müssen eine Auszeichnung haben. Ich geh voraus, und Euer Gnaden kommen nach; und alle meine Kinder müssen Spalier machen, und wie Euer Gnaden eintreten, müssen s' schreien, daß ihnen die Brust zerspringen möchte: Vivat! unsern Vatern sein gnädiger Herr soll leben!

F l o t t w e l l. Guter Valentin.

V a l e n t i n. Das ist ein Leben auf der Welt!
(Flottwell geht Arm in Arm mit ihm ab.)

FÜNFTER AUFTRITT

VERWANDLUNG

Tischlerstube. Eine Hobelbank. Tischlerwerkzeuge hangen an der Wand. Tisch und Stühle. Links ein Fenster. Rechts eine Seitentür.

Liese jagt den Michael, der eine Pudelmütze aufhat und Bücher mit einem Riemen zusammengeschnürt, aus dem Kabinett heraus. Hiesel sägt bei der Hobelbank.

L i e s e. Wart, du Spitzbub, wann die Mutter nach Haus kommt! Ich werd dir naschen lernen. Kaum kommt er nach Haus, so hat man schon wieder Gall.

M i c h a e l *(weinend)*. Die Mutter hat mirs erlaubt.

L i e s e *(reißt dem Hiesel die Säge aus der Hand)*. Stehn laß, sag ich. Wenn du den Vatern was ruinierst.

H i e s e l. Ich arbeit schon so gut als wie der Vater. *(Hämmert.)*

(Pepi will aus dem Kabinett herausgehn, fällt aber nieder und weint.)

L i e s e. Den Buben hebts auf! *(Sie hebt ihn auf, er hat noch das Kinderröckchen an, und stellt ihn auf den Tisch.)* Jetzt ist er noch nicht angezogen. *(Sie zieht ihm sein Kamisol an.)*

M i c h a e l *(zupft sie am Kleid)*. Den Schlüssel gib mir, daß ich meine Schulbücher aufheben kann.

L i e s e. Laß mich gehn, ich muß den Buben anziehn. Wann die Mutter kommt! Es ist schon elf Uhr.

Hansel. Hiesel, komm heraus, wir steigen in Taubenkobel hinauf.

Liese. Nein, wenn die Buben aus der Schul zu Haus kommen, ists nicht zum Aushalten. *(Hiesel hämmert.)* Hörst
nicht zum hammern auf?

(Eine Gans lauft herein und frißt.)

Michael *(der nach dem Ausgang deutet).* Das Fleisch
geht über.

Liese *(setzt den kleinen Buben mitten ins Zimmer, der
schreit).* Auf den kleinen Buben gebts acht! *(Läuft hinaus.)*

Hansel *(ruft).* Hiesel, aussa geh!

SECHSTER AUFTRITT

Vorige. Valentin. Flottwell.

Valentin. Spazieren Euer Gnaden nur herein! *(Hansel
geht vom Fenster weg.)* Fallen Euer Gnaden nicht über
den Buben. Wer hat ihn denn da mitten ins Zimmer her-
gesetzt? Ich bitt um Verzeihung, es ist alles in Unordnung.
Einen saubern Sessel heraus! *(Michael lauft ins Kabinett
und bringt einen holzernen Stuhl.)* Jagts die Gans hinaus!
die Hobelschatten weg! *(Hiesel tut es. Valentin zu Michael.)*
Einen Polster bring! *(Michael läuft fort und stolpert.)* Jetzt
wirft er das Leimpfandel um. Wie gfallt Euer Gnaden denn
die Wirtschaft? *(Michael bringt einen Bettpolster.)* Was
treibst du denn, hättest gar eine Tuchet[18] gebracht. *(Jagt
ihn fort damit. Zu Flottwell.)* Ich bitt, Platz zu nehmen.
Lieserl, wo bist du denn? Komm doch herein. Alle Kinder!
(Liese, alle Kinder bis auf Hans.) Wo ist denn der Hansel?

Liese. Der ist schon wieder draußen.

Valentin *(wirft einen Blick durchs Fenster).* Da hab ich
die Ehre, meine Familie aufzuführen. Eins – zwei – drei –
vier, und der fünfte sitzt auf den Taubenkobel oben. Mein
Weib wird gleich nach Haus kommen. Die wird ein Vergnügen haben. Hansel! komm herein geschwind.

Hansel *(innen, ruft).* Ich kann ja nicht so geschwind her-
untersteigen!

Valentin. So fall herunter. Jetzt da gehts her, Kinder,

18. Mit Federn gefülltes Überbett.

Da stellt euch im Kreis herum! *(Hansel kommt.)* Da schauts den Herrn an. Das ist mein lieber guter gnädiger Herr, von dem ich euch so viel erzählt hab. Der hat euren Vatern und viel hundert Menschen Gutes getan. Gehts hin und küßt ihm alle die Händ.

(Die Kinder tun es. Unterdessen sagt)

Hansel. Vater, der sieht ja gar nicht aus als wie ein gnädiger Herr.

Valentin. Bist still. Du bist kein Kenner. Was verstehst denn du von gnädigen Herren.

(Hansel tut es auch.)

Pepi. Euer Gnaden, Pepi auch Hand küssen.

Valentin. Das jüngste Kind meiner Laune, Euer Gnaden.

Liese *(verlegen)*. Euer Gnaden! Unser Herr Vater hat uns halt so viel Gutes, Liebes und Schönes von Euer Gnaden gesagt, daß wir uns recht freuen, Euer Gnaden kennenzulernen.

Flottwell. Gott! *(Sinkt von Schmerz und Scham überwältigt in den Stuhl und verhüllt mit beiden Händen das Gesicht.)*

Liese *(leise)*. Vater, der Herr bedauert mich recht. Dem muß ja gar schlecht gehn!

Valentin *(ebenso)*. Tuts nichts dergleichen, wir werden schon darüber reden! *(Liese geht ab.)* Gehts jetzt, Kinder, gehts ein wenig in den Hof hinaus. *(Zu Hiesel.)* Du schaust dich drauß um die fetteste Enten um. *(Zu Michael.)* Und du suchst dein Mutter auf. Sie soll gleich nach Haus kommen. *(Kinder ab.)* Mein Gott, die Kinder, die wissen noch nichts von der Welt. *(Seufzt.)* Ja ja! Sein Euer Gnaden nicht so betrübt. Ich hab selbst nicht zuviel. Aber Euer Gnaden dürfen mir nicht zugrunde gehen. Aber erzählen mir Euer Gnaden doch einmal, wie ist denn das Unglück so gekommen?

Flottwell. Ich lebte durch acht Jahre mit meiner edlen Gemahlin, die mir in London einen Sohn geboren hatte, ganz glücklich. Jedoch auf einer Reise nach Südamerika, von welcher sie mich vergebens abzuhalten suchte, als hätte sie mein Unglück geahnet, entriß mir der Tod beide. Ich ging nach London zurück, suchte Zerstreuung. Mein Aufwand stieg. Ich ließ mich in großartige Spekulationen ein, die mir nur Ruhm, aber keinen Gewinn bringen konnten,

3. Aufzug, 6. Auftritt

und nach mehreren Jahren sah ich mein Vermögen bis auf einen kleinen Rest geschmolzen. Nun ward mir bange, ich beschloß, nach meinem Vaterland zurückzukehren, mit dem festen Vorsatz, mich in jeder Hinsicht einzuschränken. Ich kam nach Deutschland – ein unglücklicher Gedanke hieß mich Wiesbaden besuchen. Hier war die Grenze meines Leichtsinns. Nach zwanzig Jahren spielte ich wieder einmal in der Hoffnung, mein Vermögen zu vermehren, ich gewann, spielte fort und verlor alles. Alles. Mußte meine Garderobe zurücklassen und mit zwanzig Talern die weite Reise nach meiner geliebten Heimat, wohin es mich mit unwiderstehlicher Gewalt zog, zu Fuße machen, und so bin ich zum Bettler nun verarmt.

Valentin. Das ist freilich eine traurige Geschichte, aber es ist halt notwendig, daß man s' erfahrt. Aber verzeihen mir Euer Gnaden, Euer Gnaden sein doch ein bissel selber schuld. Es schickt sich nicht, daß ich das sag. Aber ein Herr, der so dagestanden ist wie Euer Gnaden – Es ist zum Totärgern – Ich kann mir nicht helfen, ich red halt, wie ichs denke.

Flottwell. Du hast recht. Oh, jetzt erst treten alle Warnungen vor meine Seele, die ich aus Stolz und Übermut verschmähte, Cheristane und das grauenvolle Bild des geheimnisvollen Bettlers, der mich so lange Zeit verfolgt und dessen Abkunft ich wohl nie enträtseln werde.

Valentin. Nun sein Euer Gnaden nur beruhigt. Wie ich gesagt hab. Alles, was in meinen Kräften steht. Haben Euer Gnaden nur die Gnad und gehen Euer Gnaden derweil allergnädigst in das andere Zimmer hinein, daß wir da ein wenig zusammenräumen können. Es schaut gar so innobel aus. Schauen sich Euer Gnaden ein wenig um drinnen. Da werden Euer Gnaden etwas darin sehen, was Euer Gnaden gewiß erfreuen wird. *(Er geleitet ihn bis an die Tür.)*

Flottwell. O Dienertreu, du gleichst dem Mond, wir sehen dich erst, wenn unsere Sonne untergeht. *(Ab.)*

Valentin. Das ist eine schöne Rede, aber ich hab sie nicht verstanden. Lisi, Kinder, gehts herein!

(Liese. Hiesel. Hansel.)

Liese. Was befiehlt der Vater?

Valentin. Habt ihr euren Vatern gern?

76   *3. Aufzug, 6. Auftritt*

A l l e   d r e i . Ja!

V a l e n t i n . Wollt ihr ihm eine Freude machen?

A l l e   d r e i . Ja, lieber Vater!

V a l e n t i n . Verdruß habt ihr mir schon genug gemacht.
Seid mit dem Herrn da drin recht gut und höflich. Er wird
bei uns im Haus bleiben. Ich laß ihn nimmer fort. Und
redet der Mutter auch zu, sie ist eine gute Frau, aber
manchmal ein wenig gäh[19].

K i n d e r . Wir wissens am besten, wir haben genug auszustehen mit ihr.

V a l e n t i n . So? Ja was die Eltern jetzt den Kindern für
Kummer und Sorgen verursachen, das ist außerordentlich.
Also geht hinein zu ihm. Ich komm gleich wieder, ich muß
nur die Tür in Wirtshaus machen. Und vergeßt nicht, was
ich gesagt hab. Er ist unglücklich. Mit unglücklichen Menschen muß man subtil umgehen. Die glücklichen können
schon eher einen Puff aushalten.

(Kinder ab ins Kabinett.)

V a l e n t i n *(allein)*. Nein, wenn man solche Sachen erlebt,
da wird man am Glück völlig irre. Was nutzt das alles!
Der Mensch denkt, der Himmel lenkt.

Lied

Da streiten sich die Leut herum
Oft um den Wert des Glücks,
Der eine heißt den andern dumm,
Am End weiß keiner nix.
Da ist der allerärmste Mann
Dem andern viel zu reich.
Das Schicksal setzt den Hobel an
Und hobelt s' beide gleich.

Die Jugend will halt stets mit Gwalt
In allen glücklich sein,
Doch wird man nur ein bissel alt,
Da find man sich schon drein.
Oft zankt mein Weib mit mir, o Graus!
Das bringt mich nicht in Wut.
Da klopf ich meinen Hobel aus
Und denk, du brummst mir gut.

19. Jäh, hitzig.

3. Aufzug, 7. Auftritt

Zeigt sich der Tod einst mit Verlaub
Und zupft mich: Brüderl, kumm!
Da stell ich mich im Anfang taub
Und schau mich gar nicht um.
Doch sagt er: Lieber Valentin!
Mach keine Umständ! Geh!
Da leg ich meinen Hobel hin
Und sag der Welt Adje. *(Ab.)*

Repetition

Ein Tischler, wenn sein War gefällt,
Hat manche frohe Stund,
Das Glück ist doch nicht in der Welt
Mit Reichtum bloß im Bund.
Seh ich soviel zufriednen Sinn,
Da flieht mich alles Weh,
Da leg ich nicht den Hobel hin,
Sag nicht der Kunst Adje! *(Ab.)*

SIEBENTER AUFTRITT

*Flottwell mit einem Bilde in der Hand, sein Bild in jungen
Jahren vorstellend. Liese. Hans. Hiesel.*

F l o t t w e l l. Wie freut mich das, mein Bild in eurem Haus
zu finden. Ich könnt es nicht in bessern Händen wissen.
Wie ist es an euren Vater gekommen?
L i e s e. Der Vater hat uns erzählt: Er hats im Schloß ge-
kauft. Wie alles gerichtlich lizitiert ist worden.
F l o t t w e l l *(seufzt).* Ja so!
H a n s e l. Und es hat nicht viel gekostet. Es hat kein Mensch
was geben wollen dafür.
F l o t t w e l l *(für sich).* Schändlich!
L i e s e *(heimlich).* Bist still! Weißt du nicht, was der Vater
gesagt hat?
H i e s e l *(deutet an den Rand des Bildes).* Da steht der
Datum, wenn Euer Gnaden geboren sein.
L i e s e *(sieht nach).* Den letzten Julius. *(Freudig.)* Da ist ja
heute Ihr Geburtstag? Ah! das ist schön. Gerade fünfzig
Jahr.
A l l e d r e i. Wir gratulieren!

78   *3. Aufzug, 8. Auftritt*

(Liese läuft fort.)

F l o t t w e l l. Als die Sonne sank, ward ich geboren. Wenn
  sie wieder sinken wird? Wo werd ich sein? *(Versinkt in
  Nachdenken.)*
H i e s e l *(zu Hans).* Du, da bin ich vergnügter, wenn mein
  Geburtstag ist.
H a n s e l. Ja, er ist ja schon fünfzigmal geboren. Da gwöhnt
  mans halt.
L i e s e *(führt Pepi herein, der jetzt als Knäbchen reinlich
  gekleidet ist und einen großen Blumenstrauß trägt).* Da
  bring ich noch einen Gratulanten.
H a n s e l *(sieht zum Fenster hinaus).* Just kommt die Mut-
  ter! *(Läuft hinaus.)*
L i e s e *(herzlich).* Möchten Euer Gnaden noch viele solche
  Blumen auf Ihrem Weg erblühen! Das wünschen wir Ihnen
  alle von ganzem Herzen.
F l o t t w e l l *(nimmt tief ergriffen den Blumenstrauß, sagt)*
  Ich dank euch, liebe Kinder! *(und legt ihn auf den Tisch.)*
  Ach, warum kann ich euch nur mit Worten danken!

ACHTER AUFTRITT

*Vorige. Rosa, schlicht bürgerlich gekleidet, gealtert. Sie trägt
einen bedeckten Korb. Hans und Michael mit ihr.*

R o s a *(erzürnt zu Hans).* Was dableiben? Erhalten ein
  fremden Menschen? Wenn man so viel Kinder zu ernäh-
  ren hat! Ist dein Vater närrisch? Das ging' noch ab! *(Erblickt Flottwell.)* Da ist er ja. *(Für sich.)* Nu, der sieht
  sauber aus!
F l o t t w e l l *(der am Tische saß und auf Rosas Reden nicht
  horchte, steht auf).* Guten Tag, liebe Frau!
R o s a *(boshaft grüßend).* Guten Tag, Herr von Flottwell!
  Freut uns, daß Sie Ihre alte Dienerschaft aufgesucht haben.
  So können Sie sich doch wenigstens überzeugen, daß wir
  arme, aber *ehrliche* Menschen sein. In unserm Haus hat nie
  ein Schmuck existiert, wie Sie sehen. Wir haben uns auch
  in Ihrem Dienst nicht so viel erwirtschaften können als
  wie gewisse Personen, die sich ein Schloß davon gekauft
  haben. Ich glaub, Sie werden mich verstanden haben.
F l o t t w e l l. Ich verstehe Sie nicht ganz, liebe Frau! Ich

3. Aufzug, 8. Auftritt 79

erinnere mich nicht genau an alle Ereignisse meines Hauses.
Nur das weiß ich gewiß, daß keinem meiner Diener, mit
meinem Willen, eine Ungerechtigkeit widerfahren ist.

R o s a *(fein)*. Ah was! Verhältnisse bestimmen die Äußerun-
gen der Menschen. Ich kann Ihnen gar nichts sagen, Herr
von Flottwell, als: Sehen Sie sich bei uns um! Können Sie
von uns fordern, daß wir in unserer eingeschränkten Lage
noch einen Mann erhalten, dem wir nichts zu danken haben
als unsern richtigen Lohn, so steht es Ihnen frei, bei uns zu
bleiben. Mein Mann ist ein guter Lappe, der läßt sich zu
allen überreden. Der nähmet die ganze Welt ins Haus,
aber ich bin die *Hausfrau, ich* hab zu entscheiden, ich kenn
unsere Verhältnisse, unsere Ausgaben und unsere Einnah-
men. *Ich* muß für meine Kinder sorgen, wenn sie nichts zu
essen haben, und ich kann meine Einwilligung nicht geben.
Es wird uns freuen, wenn Sie uns heut auf Mittag beehren
wollen. Wir werden uns nicht spotten lassen. Aber für immer? Verzeihen S'! das kann ich nicht zugeben! Heut in
meinem Haus und nimmer!

F l o t t w e l l *(mit empörtem Erstaunen)*. Nein! Ich hab es
nicht gehört! Es war ein Traum! So sprach sie nicht zu
Julius von Flottwell, ihrem einstgen Herrn. Zu jenem
Flottwell, der im goldumstarrten Saale hundert Schmeich-
ler an der Tafel sah! Zu dem gepriesnen Vater seiner Diener! Zum edelsten der Freunde! Zum besten, schönsten,
geist- und goldbeglücktesten der Menschen, und wie die
Lügen alle heißen, die ihre Süßigkeit ans volle Glas hin-
schrieb. So sprach sie nicht zu *mir,* den dieser Blumenstrauß
schon zu so heilger Dankbarkeit entflammen konnte, als
hätte ihn ein Engel in des Paradieses Schoß gepflückt!
O Weib! Könnt ich den zehnten Teil meines verlornen
Glücks zurückbeschwören und zehnfach Elend auf dein
altes Haupt hinschmettern, das dich zu meinen Füßen führen müßte, dann sollte meine Großmut dich belehren: wie
ungerecht du warst, daß du in meinem Unglück mich so
bitter hast gekränkt. *(Geht ab.)*

L i e s e *(betrübt)*. Das hätt die Mutter aber doch nicht tun
sollen.

R o s a *(zornig)*. Still sei und marsch in die Kuchel hinaus!
(Liese geht ab. Zu den Buben.) Nu habt ihr nichts
zu tun?

80   3. Aufzug, 9. Auftritt

Hansel *(schluchzt)*. Das sag ich den Vatern, wann er zu
Haus kommt. *(Geht mit den andern ab.)*
Rosa *(allein)*. Das wär eine schöne Wirtschaft! Und wie der
Mensch schreit in einem fremden Zimmer! Und er hat ja
was von einem alten Haupt gsagt. Hab denn ich ein altes
Haupt? Der Mensch muß gar keine Augen im Kopf haben.
Das nutzt einmal alles nichts, reden muß man um seine
Sach. Wer 's Maul nicht aufmacht, muß den Beutel auf-
machen. Ah, da kommt mein Mann nach Haus, den werd
ich meine Meinung sagen.

NEUNTER AUFTRITT

Vorige. Valentin.

Valentin. So! Jetzt ist die Tür auch wieder in der Ord-
nung. Ah, bist schon zu Haus, liebes Weib? Das ist gscheid.
Rosa. Ja zum Glück bin ich noch zur rechten Zeit zu Haus
gekommen, um deine voreiligen Streiche wieder gutzu-
machen.
Valentin. Was denn für Streich? Wo ist denn der gnädige
Herr?
Rosa. Wo wird er sein? Wo es ihm beliebt.
Valentin. Was? Was hast gesagt? Ist er nicht in der
Kammer drin?
Rosa. Such ihn!
Valentin *(schaut hinein)*. Wo ist er denn? *(Hefliger.)*
Wo ist er denn?
Rosa. Was gehts denn mich an? Was kümmern mich denn
fremde Leut?
Valentin. Fremde Leut? Hast denn nicht gesprochen mit
ihm?
Rosa *(unwillig)*. Ah was!
Valentin. Was ist denn da vorgegangen? Kinder! Kommt
alle her.
    (Liese. Hans. Hiesel. Michael, der den Pepi führt.)
Valentin. Wo ist der gnädige Herr?
Liese *(verlegen)*. Ja ich —
Rosa *(keck)*. Nun, was stockst? Fort ist er. Was ists weiter?
Valentin. Fort ist er? Wegen was ist er fort? Wann ist
er fort? Wie ist er fort? Um wieviel Uhr ist er fort?

Liese. Ja die Mutter –

Valentin. Heraus damit!

Rosa. Nu sags nur! Was fürchtest dich denn?

Liese. Die Mutter hat zu ihm gsagt: Sie behalt ihn nicht im Haus.

Hansel *(weinend)*. Und der Vater machet lauter so *dumme* Sachen.

Valentin. *Das* hast du gesagt?

Hiesel. Drauf ist er fortgelaufen und hat geweint.

Valentin *(bricht in ein ironisches Lachen aus)*. Ha! ha! *(Klatscht in die Hände.)*

Rosa. Nu was sein das für Sachen?

Valentin. Still sei! Kinder, gehts hinaus.

Rosa. Warum nicht gar –

Valentin. Still sei – da setz dich nieder!

Rosa. Du! –

Valentin *(drängt sie auf den Stuhl)*. Nieder setz dich! Kinder, gehts hinaus.
(Die Kinder gehen ab.)

Hansel *(im Abgehen)*. Nein, wies in unserm Haus zugeht, das ist schrecklich. *(Ab.)*

Rosa *(springt auf)*. Jetzt was solls sein?

Valentin. Nur Geduld! Ich hab dich nicht vor den Kindern beschämen wollen, wie du mich! Was ist dir jetzt lieber? Willst du meinen gnädigen Herrn im Haus behalten, oder ich geh auch fort.

Rosa. Was? Was willst du für Geschichten anfangen, wegen einem fremden Menschen?

Valentin. Ist er dir fremd? Mir nicht! Einen Menschen, den ich Dank schuldig bin, der kann mir gar nicht fremd werden.

Rosa. Du bist Vater. Du mußt auf deine Kinder schauen.

Valentin. Er ist auch mein Kind, ich hab ihn angenommen.

Rosa. Nu das ist ein junges Kind.

Valentin. Ja, so jung als du ist er freilich nicht, denn du betragst dich, als ob du vier Jahr alt wärst.

Rosa. Kurz und gut: Ich leid ihn einmal nicht im Haus.

Valentin. Du leidest ihn nicht? Kinder! kommts herein.
(Alle Kinder.)

Alle Kinder. Was befiehlt der Vater?

82   *3. Aufzug, 9. Auftritt*

V a l e n t i n. Ziehts euch an, ihr geht mit mir!

H i e s e l. Wohin denn, Vater?

V a l e n t i n. Das werds schon sehen. Auf die Schleifen[20] gehn wir nicht. Nehmt alles mit. Eure Studien. Das Namenbüchel. Die ganze Bibliothek. Den Hobel. Das ganze Arbeitszeug. Alles!

R o s a. Ah, das ist mir ja noch gar nicht vorgekommen!

V a l e n t i n. Gelt? Oh, es gibt Sachen, wovon sich unsere Philosophie nichts träumen läßt.

H a n s e l. Aber heut nimmt sich der Vater zusammen, das ist gscheidt.

R o s a *(stemmt die Hände in die Seite).* Du willst die Kinder aus dem Haus nehmen?

V a l e n t i n. Ich bin die Ursach, daß sie ins Haus gekommen sind, folglich kann ich s' auch aus dem Haus nehmen.

L i e s e. Aber Vater, was soll denn das werden? Das wär ja ganz entsetzlich.

V a l e n t i n *(zu Liese).* Willst du bei deiner Mutter bleiben?

L i e s e. Ja, das ist meine Schuldigkeit.

V a l e n t i n. So geh zu ihr! *(Liese geht hin.)* Buben, gehts her zu mir! *(Die Buben treten auf seine Seite.)* Das sind die Stützen *meines* Reiches. Die gehören mir zu. Machts euch fertig!

(Die Buben nehmen alles.)

H i e s e l. Was soll denn ich noch nehmen?

V a l e n t i n. Den Zirkel, runder Kerl.

R o s a. Er macht wirklich Ernst. Das hätt ich meinen Leben nicht geglaubt.

L i e s e. Liebe Mutter, gib die Mutter nach.

V a l e n t i n. So, jetzt ist der Auszug fertig. Jetzt gebts acht. Jetzt werd ich kommandieren: Rechtsum, kehrt euch, marsch! *(Will fort.)*

R o s a *(ruft ihm reumütig nach).* Du Mann! Halt!

V a l e n t i n. Was gibts?

R o s a. Ich muß dir noch was sagen!

V a l e n t i n *(für sich).* Aha! Jetzt fangen die Unterhandlungen an. *(Laut.)* Nur kurz! das sag ich gleich.

R o s a *(leise).* Laß die Kinder hinausgehn.

V a l e n t i n. Kinder, gehts hinaus!

20. Eisbahn.

3. Aufzug, 9. Auftritt

L i e s e *(für sich).* Nu Gott sei Dank!

H a n s e l. Mir scheint, die Mutter gibt doch nach. Ja, wann wir Männer einmal anfangen, da muß es brechen oder gehn.

(Die Kinder ab.)

V a l e n t i n. Also was willst du jetzt?

R o s a *(gutmütig).* Schau, überleg dirs doch, du wirst dich überzeugen, ich hab recht.

V a l e n t i n. Still sei, sag ich. Oder ich ruf die Kinder herein.

R o s a. So laß doch drauß. Sie zerreißen ja zu viel Schuh, wenn sie immer hin und wieder laufen.

V a l e n t i n. Das nutzt dir alles nichts. Aut Aut[21]. Oder, entweder –

R o s a. Gut, ich will mirs überlegen.

V a l e n t i n. Nichts überlegen. Heut muß er noch ins Haus, und eine Mahlzeit muß hergerichtet werden, daß die ganze Menschheit die Händ über den Kopf zusammenschlagen soll.

R o s a. Nu mir ists recht! Aber er verdients um uns nicht.

V a l e n t i n. Was sagst? Er verdients nicht? Wer ist denn schuld, daß wir so friedlich miteinander leben? Daß ich hab Meister werden können und das Häusel da gebaut hab, als die zweihundert Dukaten, die ich so nach und nach von ihm zu schenken gekriegt hab. Wem haben wir also unser bissel zu verdanken?

R o s a. Mich hat er aber nie mögen.

V a l e n t i n. Ist nicht wahr! Der Kammerdiener hat dich nur verschwärzt bei ihm. Sonst wären wir noch in seinem Haus.

R o s a. Ja wenn er eines hätte.

V a l e n t i n. Ja so. Da hab ich ganz vergessen drauf.

R o s a. Er hat mich bei jeder Gelegenheit heruntergesetzt. Einmal hat er sogar vor einer ganzen Gesellschaft gesagt –

V a l e n t i n. Was hat er denn gesagt?

R o s a. Das sag ich nicht.

V a l e n t i n. Geh, sag mirs, liebe Alte. Geh! Wer weiß, ists wahr?

R o s a. Ja es ist auch nicht wahr. Er hat gesagt: ich bin ausgewachsen[22].

---

21. Lat. Entweder ... oder. 22. Verwachsen.

Valentin. Das hat er gsagt? Und das hast du dir seit zwanzig Jahren noch gemerkt.

Rosa. Oh, so etwas vergißt ein Frauenzimmer nie.

Valentin. Nu das mußt ihm halt verzeihen. Mein Himmel! Ein junger Mensch. Er hat halt damals lauter so schiefe Ansichten gehabt. Dann ists ja auch nicht wahr. Du bist ja gebaut wie eine ägyptische Pyramiden. Wer könnt denn dir in deiner Gestalt etwas nachsagen? Das wär ja wirklich eine Verleumdung erster Gattung.

Rosa. Nu, der Meinung bin ich auch.

Valentin. Gelt, Alte, ja, wir behalten ihn da im Haus. Du wirst es sehen, ich werd recht fleißig arbeiten. Es schadt uns nichts. Im Gegenteil, 's geht mir alles besser von der Hand.

Rosa *(nach einem kurzen Kampf)*. Nu meinetwegen. So solls denn sein.

Valentin *(springt vor Freude)*. Bravo Rosel! das hab ich auch von dir erwartet. Ich hätt dich nicht verlassen, wenn ich auch heut fortgegangen wär. Oh! morgen auf die Nacht wär ich schon wieder nach Haus gekommen. Jetzt ist aber alles in der Ordnung. Kinder! kommts herein zum letzten Mal. *(Alle Kinder.)* Kinder, legt alles wieder hin. Wir ziehen nicht aus. Ich hab mit der Hausfrau da einen neuen Kontrakt abgeschlossen. Vater und Mutter sind versöhnt. Der gnädige Herr kommt ins Haus.

Kinder *(alle freudig)*. Das ist gscheid! das ist gscheid!

Valentin. Drum lauft, was ihr könnt. Kein Mensch darf zu Haus bleiben. Ich nehm den kleinen Buben mit. *(Er nimmt Pepi auf den Arm.)* Geht zu alle Nachbarn. Fragt, ob sie ihn nicht gesehen haben. Sie sollen euch suchen helfen. Und wenn ihr ihn findet, so bringt ihn her.

Rosa. Der Mann wird närrisch vor lauter Freuden.

Kinder. Bravo! jetzt gehts lustig zu. *(Ab.)*

Hansel. Vater, verlaß sich der Vater auf mich. Wenn *ich* ihn pack, mir kommt er nimmer aus. *(Geht stolz ab.)*

Valentin. Der Bub kann einmal ein großer Mann werden, wenn er so fortwachst. Weib, jetzt komm! Du hast mir viel Verdruß heut gmacht, aber jetzt ist dir wieder alles verziehen. Kein Mensch ist ohne Fehler, wenn einem nur zur rechten Zeit der Knopf aufgeht. Wer weiß, wers noch vergilt, und ich denk mir halt, wenn ich einmal recht

alt werd, so möcht ich doch auch andere Erinnerungen auf-
zuweisen haben, als daß ich einen Stuhlfuß geleimt hab
und einen Schubladkasten gemacht. Jetzt komm!
(Beide ab.)

ZEHNTER AUFTRITT

VERWANDLUNG

*Die Ruine des alten Schlosses Flottwell. Zerfallne Gemächer
und Türme, auf Felsen gebaut, zeigen sich rechts. Links die
Aussicht, gleichsam von der Höhe des Schloßberges, auf ent-
ferntere gegenüberstehende Berge, hinter welchen die Sonne
untergeht.*

*Flottwell in Verzweiflung. Klettert über einen der Felsen,
als käme er aus dem Tal.*

F l o t t w e l l. Ich bin herauf! Ich habe sie erreicht,
  Die letzte Höhe, die in dieser Welt
  Für mich noch zu erklimmen war.
  Ich steh auf meiner Ahnen Wieg und Sarg,
  Auf Flottwells altem edlen Herrenschloß.
  Wir sind zugleich verhängnisvoll gestürzt.
  Hätt ich dich *nicht* verlassen, stündest *du*
  Und ich. Zu spät!
  (Wirft den Hut und Bettelstab von sich.)
                Verfaule, Bettelstab!
  Mein Elend braucht nun keine Stütze mehr.
  Ich kehre nie zu eurer Welt zurück,
  Denn mein Verbrechen schließt mich aus dem Reich
  Des Eigennutzes aus. Ich habe mich
  Versündigt an der Majestät des Goldes.
  Ich habe nicht bedacht, daß dies Metall
  Sich eine Herrschaft angemaßt, vor der
  Ich hätt erbeben sollen, weil es auch
  Mit Schlauheit, die bewundrungswürdig ist,
  Das Edle selbst in seinen Kreis gezogen.
  Wer fühlt sich glücklich, der durch Wohltun einst
  Ein Arzt der Menschheit war, und dem es nun
  Versagt, weil ihm die güldene Arznei
  Gebricht, wodurch die kranke Welt genest.

86 · 3. Aufzug, 10. Auftritt

Ich stand auf dieser segensvollen Höh,
Ich konnte mich erfreun an anderer Glück,
Wenn freudenleer mein eigner Busen war.
Ich hab mich selbst von diesem heilgen Thron
Gestürzt. Dies Einzge ists, was ich mit Recht
Beweinen darf, sonst nichts. Zum Kinderspott,
Zum Hohngelächter des gemeinen Pöbels
Darf nie ein Edler werden, drum fahr hin
Mein Leben, dessen Pulsschlag Ehre war.
Ich könnte mich in jenen Abgrund stürzen,
Doch nein! des letzten Flottwells Haupt, es beug
Sich nicht so tief. Mein Leben ist ja noch
Das einzge Gut, das mir Verschwendung ließ,
Mit dem allein will ich nun sparsam sein,
Der Hunger soll mich langsam töten hier.
Aus Straf, weil ich die undankbare Welt
Zu viel gemästet hab. O Tod, du bist
Mein einzger Trost. Ich hab ja keinen Freund –

(Ein Stein weicht zurück, und der Bettler ohne Hut und
Stab steht vor ihm, spricht.)

B e t t l e r. Als mich!

F l o t t w e l l *(erschrickt)*.

                Als wen? Ha! schreckliche Gestalt,
Die ich seit zwanzig Jahren nicht gesehen
Und die ich nun für *meine* erst erkenn,
Weil mich die Zeit auf gleiche Stufe stellt
Und ich wie du in jeder Hinsicht nun
Bejammernswert und elend bin.
Weh mir! Nun wird mirs klar, du solltest mir
Ein schauervolles Bild der Warnung sein.

B e t t l e r.
Dies war mein Zweck. Du hast mich nicht erkannt,
Weil Leidenschaft nie ihre Fehler sieht.
Erkenne mich nun ganz, ich bin ein Jahr
Aus deinem viel zu rasch verzehrten Leben,
Und zwar dein *fünfzigstes*, das heute noch
Beginnen wird, wenn jene Sonne sinkt.
Du hast an Cheristanen einst ein Jahr
Verschenkt, und diese edle Fee, die sich
Für dich geopfert hat, sah in dem Buch
Der Zukunft, daß, wenn du zurück nicht kehrst

3. Aufzug, 10. Auftritt   87

Von der Verschwendung Bahn, das fünfzigste
Jahr deines Lebens dir den Bettelstab
Als Lohn für deinen Leichtsinn reichen wird.
Glaub nicht, daß du geendet hättest hier.
Wer so wie du gestanden einst und auf
So niedre Stufe steigt, sinkt tiefer noch
Als einer, der im Schlamm geboren ist.
Zu warnen warst du nicht, drum konnte ich
Dich nur von deinem tiefsten Sturz erretten.
Bis jetzt hat niemand noch dir eine Gab
Gereicht: *Ich* hab für *dich* bei *dir* gebettelt.
Ein Jahr lang hab ich den Tribut durch List
Und schaudervolle Angst von dir erpreßt.
Die letzte Stunde hab ich aufbewahrt,
Sie schlief in diesem Stein und spricht zu dir:
(Ein Stein teilt sich, und ein Haufen Gold und der Schmuck
zeigt sich in einem silbernen Kästchen.)
Nimm hier dein Eigentum, das du mir gabst,
Zurück. Du wirst es besser schätzen nun,
Weil du die Welt an deinem Schicksal hast
Erkannt. Was du dem Armen gabst, du hasts
Im vollen Sinne selber dir gegeben.
Leb wohl! Ich hab vollendet meine Sendung. *(Versinkt.)*
F l o t t w e l l *(allein).*
Ists Traum, ists Wahrheit, was ich sah und hörte?
Woher die überirdische Erscheinung?
(Sanfte Musik. Die Ruinen verwandeln sich in eine Wolken-
gruppe mit vielen Genien. Cheristane in reizender Feen-
kleidung in der Mitte auf einem Blumenthron.)
C h e r i s t a n e *(sanft).*
Mein Julius! Es war Azur, der Geist
Der letzten Perle, die ich einst für dich
So freudig hingeopfert hab, als ich
Die süße Lieb zu dir mit bitterer
Verbannung büßen mußte. Ach! *Mir* wars ja
Vom Schicksal nicht gegönnt, dich zu erretten,
Er hat für mich erfüllt, was meine Treu
Dir einst gelobt.
F l o t t w e l l *(kniet).* O Cheristane! Dich
Erblicke ich auf dieser Erde wieder?
Du Himmelsbild aus meiner Rosenzeit!

88   *3. Aufzug, 11. Auftritt*

Kaum wagt mein welkes Aug den Blick zu heben
Zur Morgenröte deiner ewgen Jugend.
Oh, zieh nicht fort, verweile noch! Sieh, wie
Die Wehmut um vergangne Zeit mich tötet.

C h e r i s t a n e. Verzweifle nicht, mein teurer Julius,
Und dulde noch dein kurzes Erdenlos.
Wir werden uns gewiß einst wiedersehen
Dort! in der Liebe grenzenlosem Reich,
Wo alle Geister sich begegnen dürfen.

*(Sie fliegt unter klagender Musik ab. Die Ruinen zeigen sich
wieder. Flottwell sieht Cheristane nach.)*

ELFTER AUFTRITT

*Voriger. Liese. Dann Valentin, Rosa, Kinder. Nachbarsleute.
Bauern.*

L i e s e *(ist die erste auf der Szene).* Vater! Vater, nur herauf! Da ist der gnädige Herr, ganz gesund und wohl-
behalten noch.

F l o t t w e l l. Wer sucht mich hier? *(Schließt das Kästchen.)*

V a l e n t i n *(kommt).* Wir alle, gnädiger Herr. Das ganze
Dorf ist in der Höh.

F l o t t w e l l. Was willst du, guter Valentin?

V a l e n t i n. Was ich will? Mein Wort will ich Euer Gnaden halten und um Verzeihung bitten für mein unge-
schliffnes Weib. Gehst her, Verbrecherin, und kniest dich
nieder da.

R o s a *(herzlich).* Lieber gnädiger Herr! Ich hab mich sehr
vergessen heut. Doch mach ich meinen Fehler wieder gut.
Sie dürfen nimmermehr aus unseren Haus. Ich werd Sie
gwiß wie eine Tochter pflegen.

D i e K i n d e r. Verzeihen S' ihr, gnädiger Herr!

P e p i *(kniet nieder).* Lieber Herr, sei wieder gut,
        Die Mutter weiß nicht, was sie tut.

V a l e n t i n *(weint).* Das hab ich gedichtet, Euer Gnaden.

F l o t t w e l l. Steht auf, ihr guten Leute! Ich habe schon
verziehen. Und freue mich, daß ich euch eure Treue nun
vergelten kann. Ich bin kein Bettler mehr. Unter diesen
Mauern hab ich einen kleinen Schatz gefunden, den mein
Vater hier für mich bewahrte.

3. Aufzug, 11. Auftritt

Valentin. Ah, das ist ein Malheur, und ich hab mich schon gefreut, daß Euer Gnaden nichts haben, damit ich Euer Gnaden unterstützen kann.

Flottwell. So ist es besser, lieber Valentin. Du kannst dein Leben nun in Ruh genießen. Ich nehme dich und deine Frau nun in *mein* Haus und will für die Erziehung deiner Kinder sorgen!

Rosa, Liese *(erfreut).* Wir danken herzlich, gnädger Herr!

Hansel *(zu den Kindern).* Buben, jetzt werden wir lauter gnädige Herrn!

Valentin. Ich werd der Haustischler bei Euer Gnaden. Ich wix und politier das ganze Haus. Aber eins muß ich noch sagen. Ein Menge meiner alten Nachbarn haben sich auch hier angetragen, Euer Gnaden zu unterstützen. Und freuen sich, ihren vorigen Gutsherrn wiederzusehen. Euer Gnaden haben ja allen Guts getan, und einen guten Herrn vergißt man nicht so leicht.

Alle. Vivat, der gnädige Herr soll leben!

Schlußgesang

Valentin.
Wie sind wir doch glücklich, wir stehn auf dem Berg,
Jetzt zeigt sich der Kummer so klein wie ein Zwerg.
Und kommt er uns wirklich auch noch mal ins Haus,
Der Valentin jagt ihn zum Tempel hinaus.
(Der Chor wiederholt die zwei letzten Verse.)

Chor. Und kommt er uns wirklich auch noch mal ins Haus,
Der Valentin jagt ihn zum Tempel hinaus.
(Auf den Bergen sieht man, wie in der Ferne die Senner und Sennerinnen die Kühe von den Alpen treiben, und sie singen wie Echo.)

Senner und Sennerinnen.
Dudeldide dudeldide! Die Küh treibts von der Alm.

Valentin.
Die Küh treibn die Sennrinnen just von der Alm.
Genügsamkeit bleibt doch die köstlichste Salm[23],
Der Reiche liegt schlaflos im goldenen Saal,
Doch kummerlos schlummert die Kuh in dem Stall.

___
23. Salbe.

C h o r. Der Reiche liegt schlaflos im goldenen Saal,
Doch kummerlos schlummert die Kuh in dem Stall.
S e n n e r   u n d   S e n n e r i n n e n *(in der Ferne).*
Dudeldide dudeldide! Wie freut die Kuh der Stall.
V a l e n t i n.
Jetzt gehn wir zur Tafel, die macht erst den Schluß.
Für heut ist beendet ein jeder Verdruß.
Doch heb ich bei Tische den Ehrenplatz auf,
Vielleicht setzt sich Ihre Zufriedenheit drauf.
C h o r. Doch hebn wir bei Tische den Ehrenplatz auf,
Vielleicht setzt sich Ihre Zufriedenheit drauf.
S e n n e r   u n d   S e n n e r i n n e n *(in der Ferne).*
Dudeldide dudeldide! Zufrieden muß man sein.

NACHWORT

Der Mißerfolg seines tragisch-komischen Zauberspiels *Die unheilbringende Krone* am 4. Dezember 1829 hatte Ferdinand Raimund im Innersten getroffen. Nicht nur, daß sich der Dichter in seinem höchsten Streben unverstanden fühlte, er empfand die frostige Haltung des Theaterpublikums, das zuvor seinem *Bauer als Millionär* und seinem *Alpenkönig und Menschenfeind* zugejubelt hatte, als einen Akt der Undankbarkeit. Bereits im nächsten Jahr zog er sich von der Leitung des Theaters in der Leopoldstadt zurück und begab sich auf ausgedehnte Gastspielreisen, um den Wienern zu zeigen, daß man seine Kunst auch außerhalb der Kaiserstadt zu schätzen wisse. Der schöpferische Drang schien allerdings eine Zeitlang erloschen. Daß er sich auf die Dauer allerdings nicht unterdrücken ließ, bestätigt die Entstehungsgeschichte des *Verschwenders*. Innerhalb weniger Wochen wurde dieses Original-Zaubermärchen im Spätherbst des Jahres 1833 niedergeschrieben.

Hatte Raimund auch vier Jahre lang geschwiegen, aus persönlichen Erlebnissen und Erfahrungen waren ihm entscheidende Anregungen zugeflossen. Die Überzeugung, daß ein Grundübel der menschlichen Natur die Undankbarkeit sei, hatte sich in dem enttäuschten Gemüt des Dichters immer mehr gefestigt; in seinen Briefen kommt er vielfach auf diesen Punkt zurück. Kein Wunder, daß die künstlerische Phantasie das Wunschbild eines wirklich dankbaren Menschen umkreise und daß dieses in der Figur Valentins allmählich Gestalt annahm. Wo aber vermochte sich solche Dankbarkeit sinnfälliger zu bewähren als an einem Menschen gegenüber, der vom Gipfel irdischen Glücks in den Abgrund tiefsten Elends gestürzt war? Unter diesem Zeichen vereinigte sich das Raimund so stark bewegende Motiv der Dankbarkeit mit dem Verschwenderthema. Das Ergebnis war eine seiner geschlossensten künstlerischen Konzeptionen, ein Markstein in der Geschichte des süddeutschen Volksstücks, das im *Verschwender* nunmehr seinen „Klassiker" gefunden hatte.

Nachwort

Aus dem reichen Inhalt des Stückes zeigen die Feenszenen und Christanes romantische Liebe zu Julius von Flottwell am deutlichsten, was zeitbedingt und sterblich erscheint an Raimunds Dichtung. Dagegen ergreift die Gestalt des Bettlers, ein Bild der Vergänglichkeit alles Irdischen, in ihrer halb phantastischen, halb realistischen Prägung noch mit voller Gewalt. Vor allem die Begegnung zwischen dem Bettler und Flottwell vor dessen Flucht nach England verrät Raimunds elementare dramatische Kraft in einer eines Shakespeare nicht unwürdigen Szene. Seine natürliche Begabung zeigt der Dichter indessen dort, wo er vom Wiener Lokalstück ausgehend ganz Realist ist. Der unvergängliche Ruhm des *Verschwenders* liegt bei den Figuren Valentins und Rosas, dem Idealisten im einfachen Handwerkergewande und seinem realistischeren weiblichen Gegenspiel, liegt in dem von den beiden getragenen dritten Aufzuge, in den Szenen in der Tischlerwerkstatt. Dort fällt das ebenso schöne wie tiefe Raimund-Wort: „Ein Mensch, dem ich Dank schuldig bin, der kann mir gar nicht fremd werden." Hier entrollt sich ein Bild des Lebens von so schlichter und edler Wahrheit, daß es unwillkürlich Züge menschlicher Allgemeingültigkeit annimmt. Zum Herzstück des ganzen Geschehens wird das unsterbliche „Hobellied", abgeklärteste Lebensweisheit, gereicht in der Schale eines Volksliedes. So unmittelbar und lauter hatten bisher nur die besten Kalendergedichte und Kalendergeschichten von Matthias Claudius und Johann Peter Hebel zum Volke gesprochen.

Am 20. Februar 1834 ging *Der Verschwender* erstmals über die Josefstädter Bühne in Wien. Raimund selbst spielte den Valentin. Seine Leistung hat einen seiner Kollegen, das Mitglied des Burgtheaters Costenoble, zu den bewundernden Worten veranlaßt: „So wie Raimund ist kein jetzt lebender Schauspieler ins menschliche Herz gedrungen, und keiner hat das Vermögen, das Aufgefaßte in so hoher Vollendung wiederzugeben." Der Erfolg war unbestritten; bereits am 27. April 1834 konnte das Stück seine 42. Aufführung erleben. Die Musik stammte aus der Feder Konradin Kreutzers (1780–1849), des liebenswürdigen Komponisten des *Nachtlagers von Granada* und vieler heute noch lebendiger Männerchöre. Dichter und Komponist, der Wiener und vorderösterreichische Oberschwabe, treffen sich im entscheiden-

Nachwort

den Punkte, im echten, unsentimentalen Gemütston. Raimund hatte Kreutzer mit der Melodie des Hobelliedes allerdings ein nicht zu unterschätzendes künstlerisches Geschenk gemacht, sie ist *sein* Eigentum und an sie denkt man auch zunächst, wenn man von der Verschwender-Musik spricht.

Trotz der ungeteilten Anerkennung, die der Dichter und Schauspieler Ferdinand Raimund allenthalben mit seinem *Verschwender* erntete, wollten die düsteren Schatten nicht mehr aus der Seele des Melancholikers weichen. Vor allem beim Vortrag des Hobelliedes beschlich es ihn oft wie Todesahnung. In Wien begann das Gestirn Johann Nestroys, seines Antipoden, aufzuleuchten und dem Geschmack eines nüchterneren Geschlechts besser zu entsprechen. Als Raimund im August 1833 vor dem Anschlagzettel von Nestroys *Lumpacivagabundus* stand, meinte er kopfschüttelnd: „So einen Titel hätte ich nicht niederschreiben können", und nachdem er das Stück gesehen hatte, gestand er seiner Begleiterin: „Das kann ich nicht. Aber ich sehe, das gefällt; ich hab selber lachen müssen. Es ist halt mit mir und meinen Stücken gar. Alles umsonst."

Raimund beschritt einen gefährlichen Weg: er ergab sich immer mehr einer selbstgewählten künstlerischen und menschlichen Vereinsamung, in die ihm höchstens die Vertraute seines Herzens, Antonie Wagner, folgen durfte. Jenes Glück der Familie, in dem sich Valentin im *Verschwender* sonnen konnte, war ihm nicht beschieden. Das Verhängnis nahm seinen Lauf. Die Möglichkeit, von einem tollwütigen Hunde gebissen zu werden, hatte ihn schon lange wie ein drohendes Gespenst verfolgt. Und als ihn an einem Augusttage des Jahres 1836 ein Bauernköter auf der Straße anfällt, hält er diesen für wutkrank, richtet in der Nacht, bevor ihn die Freundin nach Wien in ärztliche Behandlung bringen will, den Revolver gegen sich und verletzt sich schwer. Vergebens ringen die Ärzte um sein Leben, das kein Lebenswille mehr nährt. Nach qualvollem Leiden gelangte er am 5. September 1836 zu jener Ruhe, „die zwar unsere letzte, aber die sicherste ist". In dem ländlichen Gutenstein wurde er am Abend des 8. September unter größter Anteilnahme der Bevölkerung zu Grabe getragen. Dem Schauspieler Anschütz, der die Grabrede halten wollte, versagte angesichts des offenen Grabes die Stimme, er brachte nur wenige Worte hervor. Raimunds Lebensflamme war verglüht, aber der Glanz seines dichterischen Werkes leuchtet weiter bis in unsere Tage.

Wilhelm Zentner

FERDINAND RAIMUND

IN RECLAMS UNIVERSAL-BIBLIOTHEK

Der Alpenkönig und der Menschenfeind

Romantisch-komisches Original-Zauberspiel
in zwei Aufzügen
Nachwort von Wilhelm Zentner
UB Nr. 180

**Das Mädchen aus der Feenwelt oder
Der Bauer als Millionär**

Romantisches Original-Zaubermärchen
mit Gesang in drei Aufzügen
Nachwort von Wilhelm Zentner
UB Nr. 120

Der Verschwender

Original-Zaubermärchen in drei Aufzügen
Nachwort von Wilhelm Zentner
UB Nr. 49

PHILIPP RECLAM JUN. STUTTGART

Johann Nestroy

IN RECLAMS UNIVERSAL-BIBLIOTHEK

Der böse Geist Lumpazivagabundus
Zauberposse in drei Akten. Nachwort von Wilhelm Zentner. UB Nr. 3025

Freiheit in Krähwinkel
Posse mit Gesang in zwei Abteilungen und drei Akten. Herausgegeben von Jürgen Hein. UB Nr. 8330

Judith und Holofernes. Häuptling Abendwind
Einakter. Herausgegeben von Jürgen Hein. UB Nr. 3347

Einen Jux will er sich machen
Posse in vier Aufzügen. Nachwort von Wilhelm Zentner. UB Nr. 3041

Das Mädl aus der Vorstadt
Posse in drei Akten. Nachwort von Franz H. Mautner. UB Nr. 8553

Die schlimmen Buben in der Schule
Frühere Verhältnisse
Einakter. Herausgegeben von Jürgen Hein. UB Nr. 4718

Der Talisman
Posse in drei Akten. Nachwort von Otto Rommel. UB Nr. 3374 – dazu Erläuterungen und Dokumente. 8128

Der Zerrissene
Posse in drei Akten. Nachwort von Otto Rommel. UB Nr. 3626

Philipp Reclam jun. Stuttgart